英語は逆から学べ!

＊最新の脳科学でわかった!　世界一簡単な外国語勉強法＊

苫米地英人 著
Hideto Tomabechi Ph.D.

まえがき

最新の機能脳科学で分かった！
スパイ教育にも使われる
「50倍速英語脳プログラム」とは？

English

まえがき

「お金」も「時間」もかからない最速外国語勉強法とは？

本書を手にとったあなたは、

「英語センスがないから、英語が話せるようにならない！」

「英会話学校や教材にお金を使ったけど、英語ができるようにならない！」

「英語を学びたいけど、楽しく簡単に学べる方法が知りたい！」

「子供の頃に英語をしっかりやらないと、英語ができるようにならない！」

「単語や文法を暗記しないと、英語ができるようにならない！」


…など、と思っているかもしれません。

もしくは、**「留学」**や**「海外赴任」「海外出張」**が急遽《きゅうきょ》決まったのかもしれません。

でも、大丈夫です。安心してください。

私が本書で紹介する英語勉強法を使えば、

・すぐに英語が聴き取れる（英語の周波数が聴けるようになる）
・すぐに英語が話せる（文法などを考えずに自然に英語が口から出る）
ようになります。

そう、ネイティブスピーカーの「耳」と「口」が手に入ります（ネイティブスピーカーが母国語を学ぶ方法と同じ方法なので当然ですね）。

しかも、本書で紹介する方法は、英語だけでなく、中国語、韓国語、フランス語、スペイン語…など、すべての外国語勉強に有効です。

20ページで詳しく説明しますが、八〜一三歳といわれている言語のクリティカルエイジ（脳の学習限界年齢）を越えていても、外国語が学べる方法でもあります。

最新の機能脳科学の成果が実証したから効果的！

私は脳機能学者です。計算言語学者でもあります。ですから、「脳」と「言語」の関係については、最先端の知識を持っています。また、**「英語脳のつくり方」**を教えるクラスやＤＶＤ教材で多くの人を短期間でネイティブスピーカーにしてきました。

本書で紹介する「50倍速英語脳プログラム」は、かつて私が雑誌『ＣＮＮイングリッシュエキスプレス』に半年ほど連載し話題になった**「英語脳のつくり方」**をもとにしています。また、昨年、**一五万部突破のベストセラー**となった拙著**『頭の回転が50倍速くなる脳の作り方～「クリティカルエイジ」を克服する加速勉強法～』**でも触れ、その後インターネットを中心に話題になりました。

最新の機能脳科学で実証された成果を基につくった「英語脳のつくり方」は、より短期間に、効率よく外国語が学べる方法です。

これと似た方法が、かつての**スパイ教育**でも使われていたことも分かっており、短期間で外国語を習得する最適な勉強法であることは間違いありません。

ここで少し想像してみてください。

英語をマスターしたあとの「あなたの人生」を。

「英語をマスターして、キャリアアップしている」

「海外ドラマ、映画を字幕なしで見ている」

「外国人の友人や恋人をつくっている」

「海外旅行で外国人と楽しく話している」

「留学や海外赴任で楽しく生活している」


…などを想像するのではないでしょうか。

本書で紹介する方法は、今までと全く違った勉強法です。**お金もかかりません。あなたの家にテレビがあれば十分です**（詳しくは本章で）。

日本の英語教育が間違っていることは機能脳科学が実証している！

日本人の多くが、

「どうして、日本人はいつまでたっても英語が苦手なんだろう」

と思っているときさます。しかし、これは当たり前です。日本の英語教育全体が間違った方法で英語を教えているからです。

機能脳科学からみたときに、日本の英語教育がやっている「文法」から学んでいく方法は完全に間違っているのです。私たちが日本語を学んだように、「見る・聴く」からはじめなければ言語をマスターするのは難しいのです。

ところで、先日、私の母校であるカーネギーメロン大学（多くのノーベル賞学者を輩出する名門校）の日本校のお手伝いで、カーネギーメロン大学の教授を案内して、経済産業省と文部科学省の官僚の方々と会う機会がありました。

そこで、驚いたのが経済産業省の人たちは皆さん英語の名刺を持っており、英語を普通に話すことができました。一方、日本の教育を管轄している文部科学省の人たちは「英語は話せません」といっていました。

もちろん、経済産業省は貿易を管轄していますから、英語に強いのは分かりますが、文部科学省も義務教育である英語教育を管轄しています。

このことからも日本の英語教育がもはや機能していないことは明らかです。

これだけ科学が進歩し、脳のことも解明されたにもかかわらず、日本の英語

教育ははるか昔から変わっていないのです。

なぜ、年齢、環境に関係なく英語が話せるようになるのか?

つまり、今までの英語勉強法は間違っていたのです。

「英語センスがない」とか**「記憶力がない」**といったことは全然関係ありません。そもそも**「英語センス」などは必要ありません。**

もしも、あなたが日本語を話せているとしたら、あなたの能力には何の問題もありません。

後で詳しく説明しますが、機能脳科学からみれば日本語という言語を運用できている人なら、どんな外国語も運用できるのです。

第一章では、**「クリティカルエイジ」(脳の学習限界年齢)**について説明します(このことを知った上で英語を学習しなければ、英語をマスターすることは難しいでしょう）。

第二章では、日本の英語教育が広めた**「間違った英語勉強法」**の洗脳から、あなたを自由にする方法を紹介します。

第三章では、**「脳がどうやって言語を学ぶか」**を説明します。「英語脳」をつくるメカニズムが分かります。

第四章では、**「50倍速英語脳プログラム」**をステップ別に紹介します。

第五章では、**「50倍速英語脳プログラム」**のトレーニング方法を具体的に紹介します。

あなたに「英語センス」がなかったわけではなく、ただ単に「間違った英語勉強法」を教わってきただけなのです。しかも、そのことを機能脳科学が証明したのです。

今すぐ、ページをめくって「新しい人生」をはじめてください。

苫米地英人

●すでに、本書の勉強法を体験した人たちの声●

すでに多くの方が本書で紹介する方法をクラスやＤＶＤ教材で学んでおり、年齢・性別・職業に関係なく成果を出しています。

「これまでいくつかの英語教材を試してきましたが、ほとんどが英語の音声をＣＤで聴いているうちに上達するというものでした。このやり方にはどこかに『?』の部分を感じながらやっていました。**しかし、本書の方法はリスニングだけでなく、話すことにも効果がありました**」

「従来の英語学習とは全く違う内容で、本当にこれで話せるようになるのか？　と疑念を抱いていたが、苫米地先生の説明を理解した上で実践してみると**不思議と英語が口から出てきて、おまけに英語で物事を考える別の自分に気付きました。**これ、すごいかもしれません。今後も引き続き実践していきます」

「まだ実施して二週間ですが、**聴き取れる単語の量は日に日に増しております**」

「**お金もかけずに、学校にも行かないで英語が聴き取れるようになってきました。**今では海外ドラマを字幕なしで見ても、会話の内容が理解できるようになりました」

「とてもすばらしいプログラムに感動しました。**今までの苦手意識が吹っ飛んでしまいそうです。**これからこの教材をビジネスやプライベートに生かして、すばらしい人生を送っていけそうです。ありがとうございました」

「大変参考になりました。**特に、イメージして連想することを実践し、日本語を介在することなく理解できるようになったのが良かったです**」

「四〇代も後半となり、日に日に英語力の必要性が仕事の上で増しています。そんな思いの中、先生の書籍を通じてこのプログラムを知りました。**プログラムの内容を理解するにつれ、これまでの英語学習がむなしくなってきます。年齢にこだわらず再チャレンジです**」

付属CDについて

本書に付いているCDは、世界的なドキュメンタリー番組専門のテレビ局**「ディスカバリー・チャンネル」**でも特集が組まれたほど、画期的な音源が入っています。

普通に聴くと、ただの音楽のようですが、

- **「自己実現力」を高める音源**
- **「記憶力」を高める音源**
- **「IQ」（問題解決力）を高める音源**

が、サブリミナルで埋め込まれています。

「自己実現力」を高める音源を聴くことで、自己イメージをポジティブに持てるようになります。

「記憶力」を高める音源は、記憶をつかさどる海馬が情報の出し入れをしやすくするものです。**「ＩＱ」を高める音源**は、抽象度の上がった思考ができるようになるもので、「問題解決力」が高まります。

ＣＤの聴き方

それぞれの曲に、「自己実現力」「記憶力」「ＩＱ」を高める音源が入っているので、四曲の中から気に入ったものを聴くことをおすすめします。

ＣＤを聴くときは、139ページを参考にしてリラックスしてから聴きましょう。また、聴こえてくる音を、音以外の感覚（視覚、触覚、味覚、臭覚）に変えてみると、より効果的になります。

ぜひ、このＣＤを聴いて、より効果的に学習をしてください。

※四曲目の最初の一分間は、かなり小さめの音になっています。また、すべての曲に時々、雑音のように思えるところがありますが、特殊音源と考えてください。

Chapter 1

もくじ

なぜ、大人になってから英語は学べないのか？

～最新の機能脳科学が解明したクリティカルエイジ（脳の学習限界年齢）とは？～

Chapter 2

日本の英語教育では英語ができるようにならない理由

～はるか昔の言語学をもとにつくられた教育方法では意味がない！～

Chapter 3

すべての人が生まれたときから「英語センス」を持っている！

〜最新の機能脳科学が解明した「脳が言語を学ぶメカニズム」とは？〜

Chapter 4

赤ちゃんと同じ方法で英語を学ぶ!

～50倍速英語脳プログラム　―理論編―～

Chapter 5

ネットで話題の誰でもできる「英語脳のつくり方」

〜50倍速英語脳プログラム　―トレーニング編―〜

Chapter 1

なぜ、大人になってから英語は学べないのか？

～最新の機能脳科学が解明したクリティカルエイジ（脳の学習限界年齢）とは？～

English

クリティカルエイジとは？

多くの日本人が、

「どうして中学、高校の六年間、もしくはそれ以上の期間にわたって英語を勉強しているのに、なかなか上達しないいんだろう？」

という疑問を抱いているはずです。

人によっては、小学生の頃から**英語教室**に通い、大学生の頃に**短期留学**をしたり、社会人になってから**英会話学校**に行った人も多いでしょう。

でも、英語がなかなか上達しない。

なぜでしょうか？

本書の中で私が明らかにしていきますが、

英語の勉強方法が間違っている！

というのが、すべてではないでしょうか？

そこで、まず読者の皆様に**「クリティカルエイジ」**という概念を理解していただきたいと思います。「クリティカルエイジ」については、拙著『頭の回転が50倍速くなる脳の作り方』（フォレスト出版）の中で少し触れて、大反響を巻き起こした概念です。

「クリティカルエイジ」を簡単にいうと、

「脳の学習限界年齢」

と説明できます。

クリティカルエイジとは、遺伝的に決まっているそれぞれの器官のそれぞれの機能の発達の年齢のことをいいます。

たとえば、**言語であれば、八～一三歳くらいまでに母国語としての言語の習得が止まってしまう**といわれています。

ですから、一般的に、小学生くらいのときを海外で過ごした日本人は、バイリンガルになっていますが、大人になってから海外留学した日本人がバイリンガルになるのは難しいのです。

昔、行われた動物実験では、ある特定の期間、生後間もない猫の赤ちゃんに光を当てないと、**一生目が見えなくなった**というのが報告されています。これは、この実験が行われた特定の期間が猫の視覚の発達にとってのクリティカルピリオド（期間）だったために、目の発達ができなかったことを証明しています。

クリティカルエイジとは？

言語のクリティカルエイジは･･･

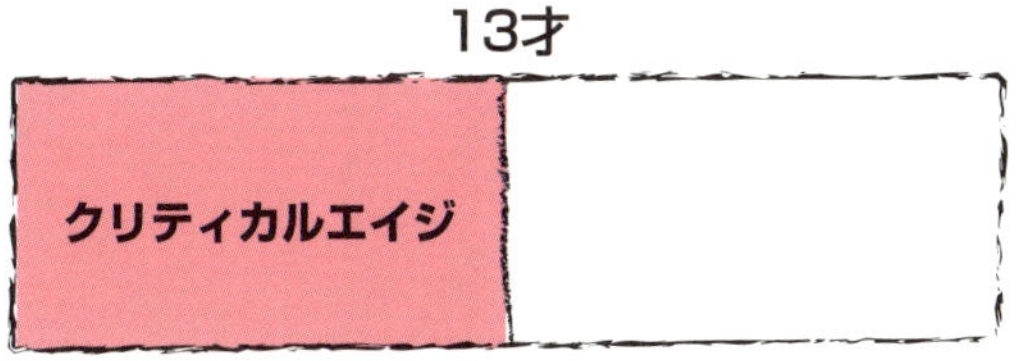
13才
クリティカルエイジ

クリティカルエイジとは、
遺伝的に決まっているそれぞれの
器官のそれぞれの機能の発達の
年齢のこと。
言語であれば、8～13歳と
いわれている。

なぜ、クリティカルエイジがあるのか？

ではなぜ、クリティカルエイジというものがあるのでしょうか？

それは、**生物の進化と関係があります。**

生物は、常に環境の変化に適応していかなければ、種を保存することができません。過去に、地球の環境の変化により退場に追い込まれた種は無数にいます。つまり、人類も含めて生物の進化は、「最適化」と「最適化の超越」の繰り返しといえるのです。

最適化というのは、環境に対しての最適化です。生物は身体が発生してきた中で、どんどんどんどんその環境に最適化し、最適化を維持するように進化してきました。

しかし、それの困ったところは、一つの最適化を済ませると一個の個体はその最適化を固定してしまう。固定するということは、もしも環境が変化しても

生物の最適化と進化の関係

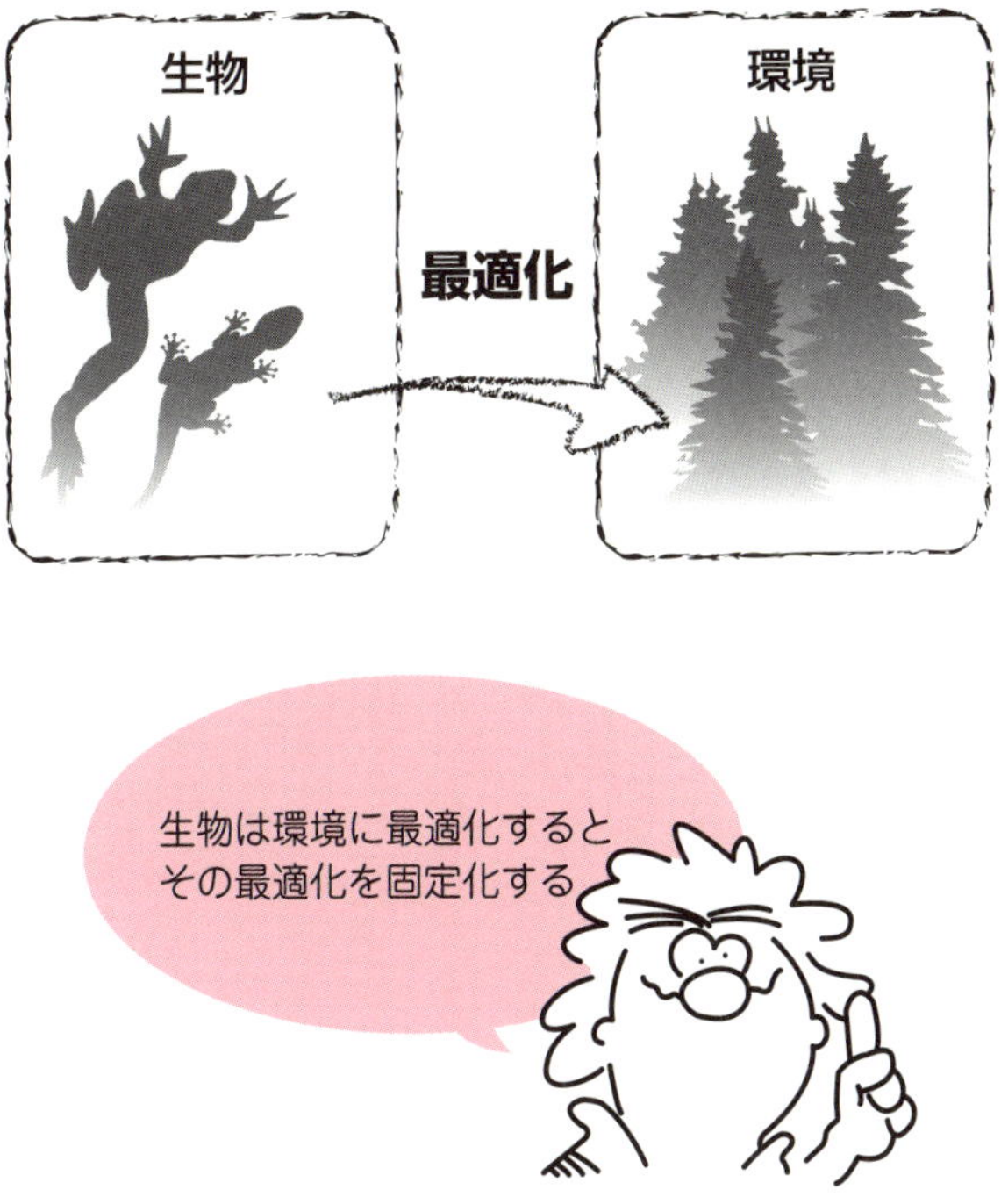
生物
環境
最適化
生物は環境に最適化すると
その最適化を固定化する

その最適化が維持されるわけですから、その生物は絶滅してしまいます。

もしも、あらゆる生物が固定化せずに自由自在に最適化を繰り返し変化できてしまうと、優位な個体を残していくという「淘汰《とうた》の論理」から離れてしまいます。

すべての生物が最適化を固定せずに、ある環境に対して最適化を繰り返せば、その環境が変化したときにすべての生物が絶滅してしまう可能性が出てきます。

ですから、**生物は一つの最適化をつくると、その最適化を維持するのです。**

クリティカルエイジも最適化の一つなのです。ある問題があって、それを最適に解決する解ができると、その解決を習得した神経ネットワークはそれを固定化するわけです。

言語であれば、**「一つの地域は一つの言語でいい」**というのが最適な情報の伝達方法であって、**「一つの地域が二つの言語を同時に維持することは最適化ではない」**というのが人類が選んだ最適化だったというわけです。

ですから、言語であれば八～一三歳くらいの間に固定化されてしまうクリティカルエイジが遺伝情報として生得的にかきこまれているのです。

神経ネットワークの数理モデルでも、ネットワークになんらかの学習をさせた後に、その学習の成果をネットワークが維持するためには、その学習に成功したネットワークの結合状態をそのまま固定化することで学習が維持されるということを示すことができます。

たとえば、英語の /p/ と /b/ は音声学的には同じ分類にされます。バイラビラル（両唇）といいますが、上と下の唇をくっつけて発音する破裂音です。この二つの子音の発音には、/p/ は声帯を震わせない無声音、/b/ は声帯を震わせる有声音という差異があるだけです。

その他、口の形、舌の位置などは全く同じ音です。同様に英語の /f/ と /v/ も、ラビオデンタルフリカティブ（唇歯摩擦音）といいますが、上の歯を下の唇にあてて発音する音で、同じ口の形、舌の位置となり、有声音と無声音という違いだけです。

神経ネットワークをシミュレートする**ニューラルネットワーク**※の数理モデルを利用して、実際に音声認識を行うネットワークを訓練すると、その神経数理モデル上で、たとえば/p/と/b/の違いを認識させる訓練を行い、ネットワークの活性化状態を数理解析してみると、有声音か無声音かを識別するネットワークが自己組織化されるのが確認されます。

ネットワークのこの部分を固定化した上で、さらに、/f/と/v/の識別をするネットワークを訓練すると、効率的にその識別が可能となります。このように、神経ネットワークの数理からも、一度なんらかのタスクを学習した神経ネットワークは固定化して、その上にさらに新しい神経を利用して学習することで、効率的な学習が可能となる。また、構造をもった知識の習得が可能となることを示すことができます。

言語習得における神経ネットワークの学習には、その内容により細かくクリティカルピリオド（期間）がありますが、それが言語学習全般となると大体八〜一三歳ぐらいとみられているのです。

【ニューラルネットワーク】
脳神経系を抽象化し、情報を複数のコンピューターで分担するシステムとしての神経ネットワーク。

クリティカルエイジは克服できるのか？

では、クリティカルエイジは克服できないのでしょうか？

もちろん、克服できるので大丈夫です。

ただし、今までの英語勉強法での克服は難しいかもしれません。

実際に、大人になってから、いくつかの外国語を自由自在に扱う人がいるのは間違いないですし、おばあちゃんになってから英語を習得する人がいるのも事実です。

もちろん、それがどこまでネイティブ的であるかどうかは別の問題ですが、ちゃんと新しい言語が習得できています。

脳はそれまでの神経ネットワーク部位とは異なる部位で同様のタスクを学習可能であることが、脳損傷後の機能的な再構成の研究成果として知られてきています。これを可塑性《かそせい》といいます。また、脳神経細胞そのものが再生する細胞であることも知られてきています。

同様に言語だけでなく、大人になってからゴルフを覚えてゴルフができるようになるし、テニスを覚えてテニスができるように、神経ネットワークの訓練は大人になってからできないわけではありません。

そういった意味では、クリティカルエイジがあるからといって、大人になってから新たに外国語が学べなくなるわけではありません。

何が問題であるかというと、すでに固定化したネットワークの上に学習しようとするとうまくいかないということです。

たとえば、**日本語の母音と英語の母音は似ているようでもそれぞれが異なります。**母音の発音は基本的に舌の位置と口の形で決まりますが、たとえば日本語の「い」と英語の /i/ は舌の位置が微妙に異なり、また、唇の形も異なります。英語では /i/ の音は口を横に開いた感じで発音します。また、フォルマント周波数といいますが、母音や子音といった音素の特徴を示す波形の周波数帯は、言語によって異なり、英語と日本語は当然違っているのです。

チョムスキーの理論

音素、音韻のクリティカルエイジは比較的幼年期にありますから、日本人の耳は英語の音素を、そのまま日本語のフォルマント周波数で認識しようとしてしまいます。

同様に、英語の母音や子音の発声を学ぶにあたって、これまでの学習方法では日本語の音声・音韻で訓練されたネットワーク上に英語の音声・音韻を学ぼうとするので、ネイティブスピーカーとは大分異なる発音になってしまうのです。

これまで、リスニング能力を上げる目的で、日本人に英語のフォルマント周波数帯に対して敏感になれるようにする訓練方法などは、一部で発明されてきましたが、認識だけでなく、発音までもネイティブ化していく訓練として、ニューラルネットワークの訓練レベルから構築しているのは、私の「英語脳」方式のみと自負しています。

ところで、言語の統語論、つまり、文法の運用能力については、マサチューセッツ工科大学（MIT）の教授である言語学者のノーム・チョムスキーの「生得仮説」と「ユニバーサル文法説」が有名で、

「脳は生得的に文法能力は潜在的に持っていて、あとは言語ごとに経験によりパラメーター（設定）を調整するだけ」

とされています。

つまり、もともとそのユニバーサル文法を処理する能力を脳は持っていて、細かいパラメーター設定をしていくと、英語になったり日本語になったりするという考え方です。

ということは、現在日本語に設定されているパラメーターを英語に設定できるようにすれば、英語を習得できるというのがチョムスキー型の考え方です。

チョムスキー教授の理論

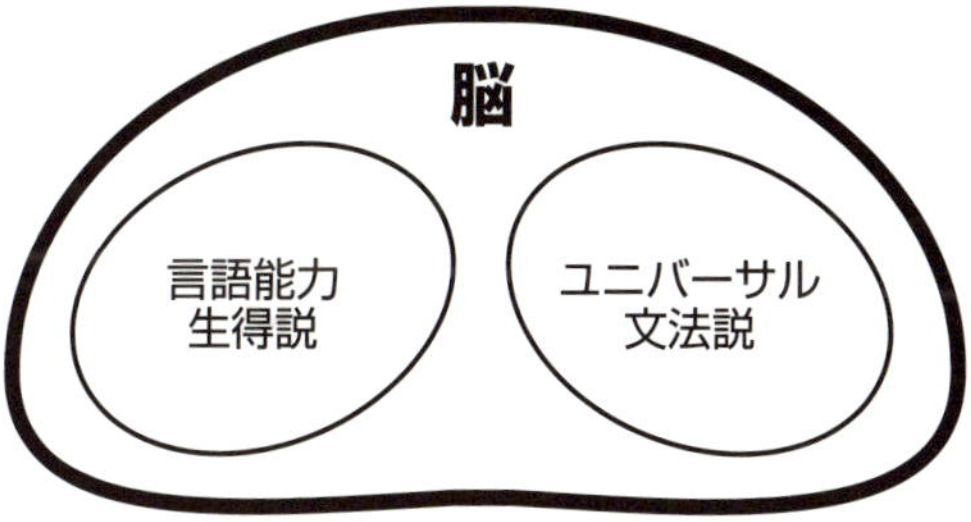
脳
言語能力
生得説
ユニバーサル
文法説

脳は生得的に言語能力を
持っていて、あとは言語ごとに
パラメーターを調整して
言語を習得する

新たな言語空間をつくる

パラメーターの設定を変えるには、新たな言語空間をつくる必要があります。

もしも、あなたが日本人で日本語しか話せないとしたら、あなたの言語空間は日本語だけになります。しかし、新たに英語を学ぼうと思うなら、あなたの脳の中に新たな英語の言語空間をつくることになります。

これが、私のいう『英語脳』という概念です。

詳しくは第二章で説明しますが、今までの日本における英語学習は、クリティカルエイジによって固定化されてしまった日本語の言語空間の中で英語を学ぼうとしていたから、いつまでたっても習得することができなかったのです。

固定化された日本語のネイティブとしての神経ネットワーク上に英語の学習をのせていこうとしたからです。すでに日本語の音声・音韻で訓練が終わり、固定化され、また、日本語の統語論でパラメーターがチューニングされたネッ

日本の英語教育

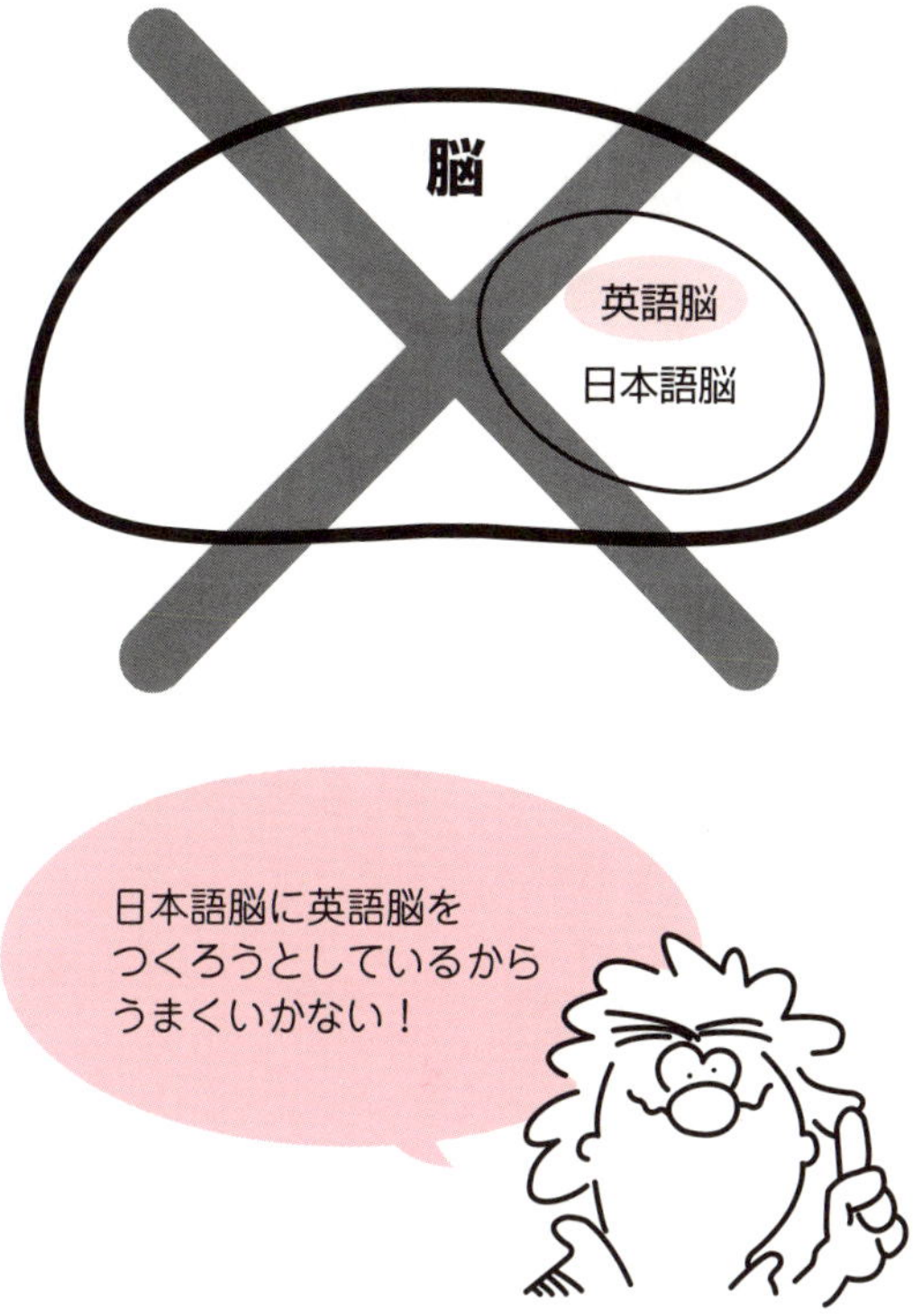
脳
英語脳
日本語脳
日本語脳に英語脳を
つくろうとしているから
うまくいかない！

トワーク上に全く異なる言語を訓練して構築しようというやり方に無理があったのです。

そうではなく、日本語の言語空間と英語の言語空間を完全に分ける必要があるのです。それにより、それぞれの言語空間での体験によって日本語人格と英語人格が異なる可能性もあるのです。

外国語を習得すると二重人格になる?

実際に、バイリンガルの人は、英語をしゃべっているときと日本語をしゃべっているときとでは性格が違うのはよく知られていることです。

たとえば、私の場合は英語で学んだ知識も学んだ期間も違います。大学と大学院のほとんどはアメリカにいて、小学校は日本、中学校は半分アメリカ、社会人になってからは学者としてはほとんどアメリカで、ビジネスマンとしては大半を日本で過ごしています。

ということは、おそらく英語人格は学生人格であり、学者人格であり、日本語人格はビジネスマン人格だと思います。

英語で話している人格と日本語で話している人格が違うのは自分でも分かるわけです。

別の例をあげると、昔いわれていた**多重人格障害**というのは、海馬が損傷して記憶障害になっている状態であるというのが現在知られている分析です。二つの人格があるかのようにそれぞれの記憶が分離しちゃったから、二重人格にみえたということです。

このように、まさに記憶が違えば人格が違うのは当たり前で、「英語で生活してきたときの記憶」と「日本語で生活してきたときの記憶」がそれぞれ分かれているバイリンガルの人であれば、それぞれ性格が違うはずです。

つまり、クリティカルエイジというのは人格性そのものになります。もしも、言語におけるクリティカルエイジがなければ、おそらく一つの人格を整合的に維持できなくなってしまいます。そのときそのときごとに違う人になって

バイリンガルは二重人格

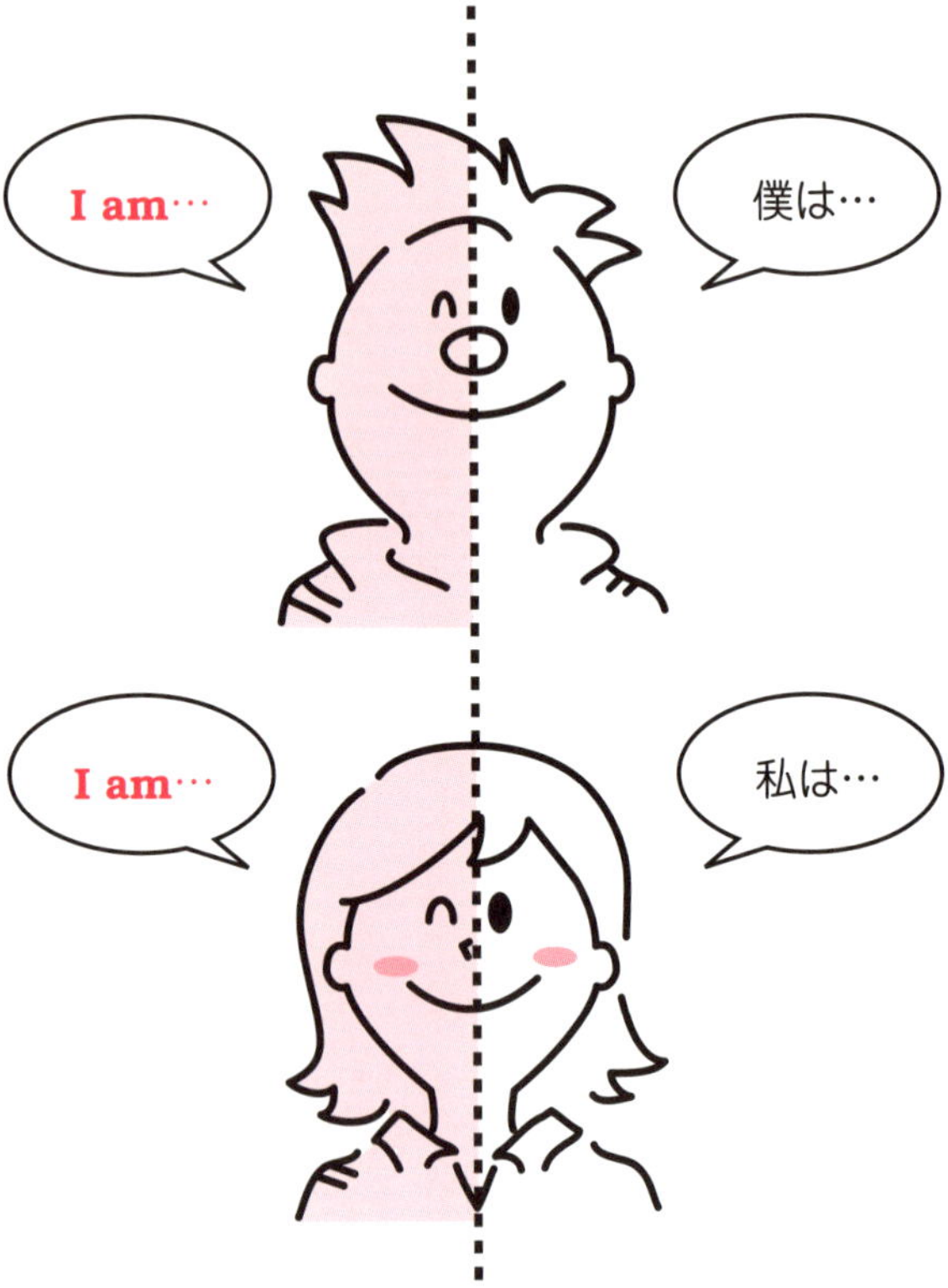

しまいます。

それを逆向きにいうと、新しい言語を学ぶということは、違う人になってしまうということです。

だから新しい言語は脳も心も学びたくない。人格を維持することが最適状態の維持であるから、クリティカルエイジが働いて一つの言語を習得した段階で固定化されてしまうのです。

これは、先に述べた神経ネットワークのレベルの固定化としてのクリティカルエイジに比べて、もっと抽象度の高い、整合的な人格維持というレベルでもクリティカルエイジが働くという意味なのです。

二重人格は都合が悪い

つまり、私たちは多重人格になると都合が悪いために、クリティカルエイジが働いて二つの言語を学ぶのが難しくなっているともいえます。

既に一つの人格が出来上がっているときに、別の人格にはなりたくない。過去の人格を崩したくないということで、無意識レベルでクリティカルエイジが働くのは当然だともいえます。

言語というのは、社会的な自分の学習や体験を含めた空間であり、人格そのものともいえます。ですから、**「人格はもう出来上がって、過去の人格を壊さないでよ」**というのが、抽象度の高いレベルでのクリティカルエイジの概念だと思ってくれればいいのです。

新しいネットワークをつくればいい！

ただし、実際は全く新しいネットワークをつくるわけですから、もとの人格を壊すわけではなくて新しい人格を加えてつくることになります。ですから、バイリンガルの人は多重人格になってしまうのです。つまり、あえて英語人格をもう一個つくる方法なら、もとの人格を壊しません。

ですから、抽象度の低い音素、統語論などのレベルでは神経ネットワークの固定化としてクリティカルエイジが働くのは当然ですが、抽象度の高い情報処理としての言語習得においても（本来は、高い抽象度では本質的にはクリティカルエイジの抵抗がないはずですが）、私たちの高次脳機能野はおかまいなしに抵抗しようとしてきます。

その抵抗を受けない方法で英語を学ぶというのが、私がいつも教えている方法です。

私がクラスで教える場合は、**脳内の日本語の活性化を抑え、英語の活性化を上げやすくする音源**※などの刺激を流しながら、英語の人格の世界の臨場感を日本語の人格の世界の臨場感より徹底的に上げることを教えます。

また、フォルマント周波数に代表される物理信号処理レベルでの神経ネットワークのチューニングを脳の可塑性をフルに発揮して行います。

もちろん、その他の英語の学習を皆さんが行っていたとしたら、それはそれで継続していただいて結構です。

【音源】
特殊な音源により脳に影響を与える。
なお、本書についているCDは「日本語の活性化を抑える」音源ではありません。

機能脳科学からみた「絶対にやってはいけない英語勉強法」

ただし、その他の英語の学習で絶対にやめてほしいのは、日本語を使う学習です。

それだけはやめてください。あとはごく普通の英会話学校に行って、アメリカ人の先生と英会話をしたり、実際にアメリカ、イギリス、オーストラリア、ニュージーランドなどに留学をしたり、それは全く問題ありません。

ですから、どんどんやってほしいし、それは英語モードをつくっていくことであって、いくらでも他に補助的にやっていただくことはかまわないし、それはお勧めします。

繰り返しになりますが、どうしてもやってほしくないのは、日本語を使った日本語による英語の学習です。

それは、英語を学んでいるのではなく、英語について学んでいるだけ。当

絶対にやってはいけない英語勉強法

- ・日本語の説明を聴きながらの勉強
- ・英和辞典、和英辞典などを使った勉強
- ・各単語の日本語の意味を暗記する勉強
- ・英文の音を聴いて日本語の意味を覚える勉強

…など

日本語が入ってくる
勉強は今すぐ
やめてください！

然、英語ができるようになるわけじゃなく、英語についての知識が増えるだけです。それだけでなく、後に説明しますが、日本語のモードがつくられ、英語学習の妨げとなります。

ネイティブのように英語を学ぶ！

さらに、私が指導している方法の特徴は、外国語をネイティブ「並み」に上手になるための方法論ではなく、英語をネイティブスピーカーそのものとして、つまり母国語として成人してから使えるようにするための方法論です。

ネイティブスピーカーという言葉はあいまいな言葉ですが、簡単にいうと、

「文法ルールなどを暗記することなく、自然にある言語を習得した人たち」

のことをいいます。

私たちが日本語を文法ルールを学ばずに学んだのと同様です。

では、どうすればいいか？

前述しているように、これはすごく単純で日本語の神経ネットワークを利用して英語を学ばなければいいだけです。

日本語という言語を学習するにあたっての神経ネットワークのクリティカルエイジは終わっていても、まだ英語についてはネイティブスピーカーとして学んでないわけです。

ということは、脳の物理レベルでは本来、日本語のネイティブスピーカーは、英語に対してのクリティカルエイジはないはずです。

ただ、これは人類のこれまでの進化の過程の中での遺伝的な要因だと思いますが、おそらく人類は過去にバイリンガル、トリリンガルである必要性がなかったので、一つの言語を学ぶとクリティカルエイジが働いてしまうように自動

赤ちゃんはどうやって言葉を覚えるのか？

見る・聴く・感じる

↓

話す

↓

文字を覚える

ネイティブスピーカーと
同じように英語を学ぶ！

的になってきているのでしょう。

ただし、これは克服できることが、もともと私が研究していた神経ネットワークの数理モデルから予測され、実際に機能脳科学的な知見からそういった訓練法をいろいろと試行錯誤してきた結果、母国語のネットワークを維持したまま、新たに別の言語のネイティブスピーカーとしてのネットワークも構築可能なことが分かったのです。

つまり、日本語のネットワークを維持したまま、英語のネットワークを新たにつくれることが分かったのです。

●すでに本書の勉強法を体験した人たちの声●

「英語版のＤＶＤを視聴した感想を述べます。

はじめは半信半疑でしたが、視聴していくうちに、英語が聴けるようになり、話せるようになるという確信を得たような気がします。

『継続は力なり』で毎日実践していきたいと考えています。ありがとうございました。

今までこういう本に出合ったり、ＤＶＤを視聴したことがなかったので、本当に助かります。もう一度英語に挑戦したいと思っています」

Chapter 2

日本の英語教育では英語ができるようにならない理由

～はるか昔の言語学をもとにつくられた教育方法では意味がない！～

English

文章の中に意味はない！

この章では、機能脳科学の最新の知見からみて、日本の英語教育がどれだけ遅れているのかをみていきます。この事実を知ることで、あなたが身につけている勉強法が間違っていたことがより鮮明になることでしょう。

日本のこれまでの英語教育の方法論において、何が間違っているかというとその中心は、日本語を使って教えている点です。

日本語を使う。これはやめましょう。

私は今回、英語脳のつくり方について書いていますが、実はこの方法はスペイン語脳でもフランス語脳でもいいのです。

とにかく、外国語を習得したければ、皆さんの目に入るところから日本語を全部取っ払ってほしいということが大前提になります。

たとえば、よくある英語の試験で、

「以下の英語の文章の意味を日本語で書いてください」

というような問題が多くみられます。

これは絶対にダメです。二つの意味でダメです。

まず一つは、その質問をつくった人は、言語ということを分かっていない。

意味ということを分かっていない。

ある英語の文章の意味は、文章の中にはありません。文章の意味、つまりその発話の意味というのは、発話された状況の中にしかない。

もちろん文章という書き言葉であれば、その本全体の中で初めて意味があるのであって、その本のある一節だけ取り出して、その文章の意味を書けといわれてもどうしようもありません。

ちゃんと本全体を読んで、初めてそこに書かれている文の意味が認識してもらえるわけであって、その一冊の本の中のあるページのほんの一節を引っ張り出して「文章の意味を書け」といわれても著者が怒ります。私の本だとしても

よくある試験問題

問題① 次の英文の意味を日本語で書きなさい。

John persuaded Mary to give Sandy sushi.

怒ります。

その一節に意味なんかありません。

意味は、その状況の中にあるのであって、本であれば本全体を通しての役割であり、実際は一冊の本の後ろには学術本であればたくさんの過去の学術的な成果があるのであり、いわゆる学芸本であれば、それぞれに対してその人のいろいろなものの考え方や社会的な状況といったものがすべて入って、はじめて文章の意味があるわけです。

時事問題やニュースであっても同様であり，ある文章の一部だけが取り出されてもそこに意味なんか存在していません。

意味は状況にある！

私たちの言語学習であれば、発話状況の中に意味があるわけです。

言語学では、昔は状況意味論といって新しいことといわれていた時代がありましたが、今はそれは言語学者にとってはもう当たり前の話になっています。
たとえば、ある女の子が彼氏のジョンに対して、

John!

といったとします。
そのときに、一年ぶりに成田空港で会って

John!

というのは「うれしいよ」って意味になるでしょう。でも、トイレの中から

John!

と聴こえてきたら「トイレットペーパー取って」という意味かもしれません。
このように、同じ言葉でも状況によって意味は全然変わってきます。これが、意味は状況に埋め込まれているということです。状況から切り離された文章には意味は存在しません。

ということは、言語を学ぶ上では視覚情報がないとかなり厳しいということになります。聴覚情報だけで状況を認識するのはかなり厳しいといえます。人

意味は状況の中にしかない！

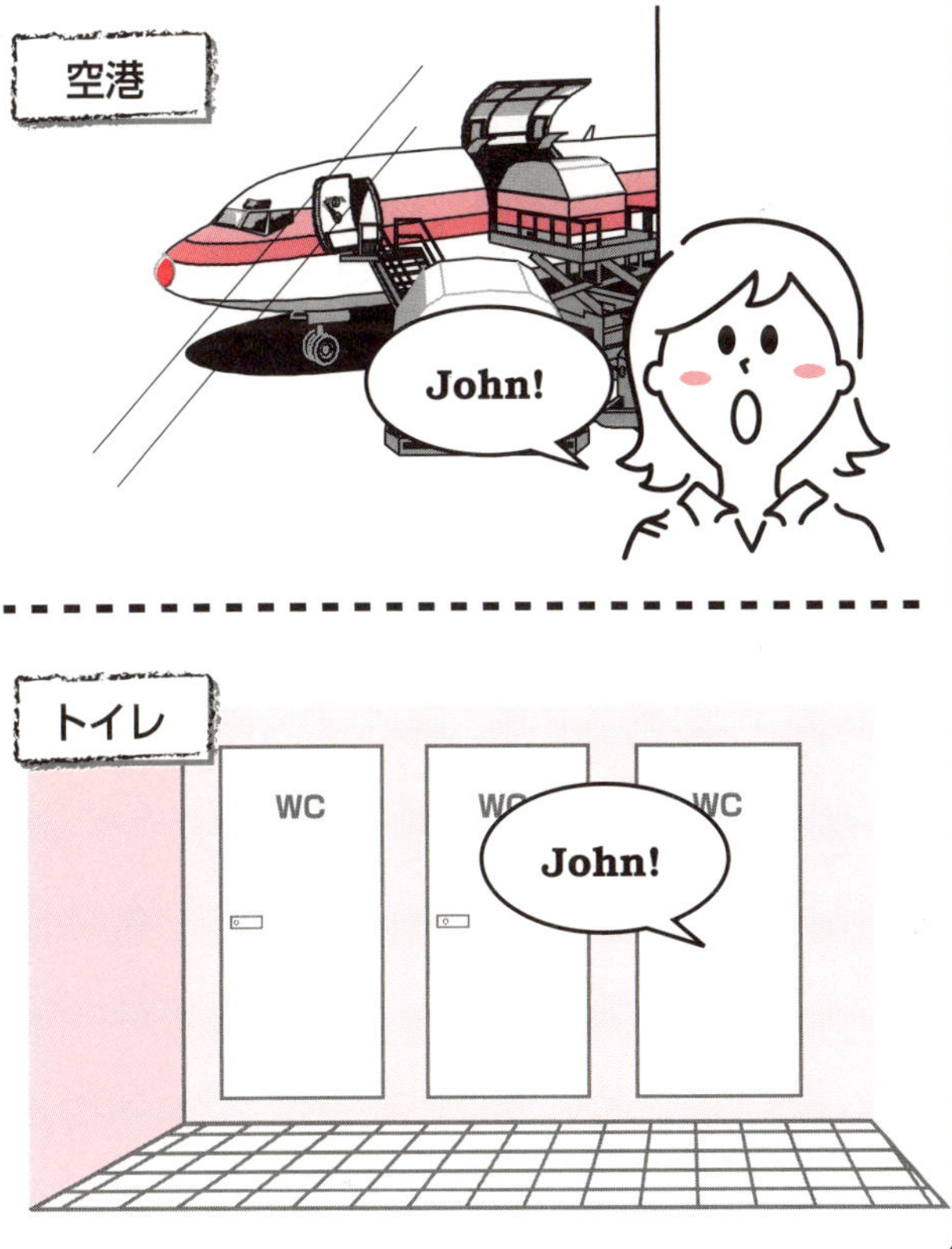

間の脳の後ろ三分の一は視覚野といって、視覚情報を認識するための巨大な神経ネットワークの塊《かたまり》です。進化と淘汰の過程で視覚情報が個や種のサバイバルに特に重要な情報だったということでしょう。

私たちが発話の状況を認識するにあたっても、まずは視覚情報からほとんどの情報を得ます。

ですから、私は「視覚情報をしっかり使ってくださいね」というふうに指導します。後で詳しく説明しますが、私がＤＶＤを使った勉強法を勧める理由は、視覚情報を活用して学習してもらいたいからです。

通訳・翻訳は似たものを探しているだけ！

「以下の英語の文章の意味を日本語で書いてください」という二つ目の問題点は、

「英語の意味は日本語では書けません」「英語の意味は英語でしか書けません」

ということです。

その問題をアメリカ人に渡しても、「日本語で書け」と書いてあるわけですからできません。アメリカ人にできないことを書けというのはおかしいでしょう。

英語の意味は英語でしか書けない。日本語の意味は日本語でしか書けない。それは単純にアメリカ人だから、日本人だから、日本語がしゃべれないからといったレベルの話ではありません。言語というのは、その社会文化の中に埋め込まれているからです。

つまり、アメリカ人、イギリス人、オーストラリア人、ニュージーランド人が英語でしゃべっているときは、それぞれの文化的な背景を持ったすべての状況というものが引っ張り込まれた中で初めて意味が決まってくるのです。

そう考えると、英語を全く異なる文化圏である日本語というもので表そうとしても、できるわけがありません。

どうしてもやらなきゃいけない職業の通訳者・翻訳者は、必死に似通ったものを探し出してくるだけなのです。それは翻訳という作業で、意味を書くという作業じゃありません。

翻訳は同じ意味を表すことはあり得ません。ただなんとなく似たものを持ってくるのであって、映画の字幕などを両方の言語が分かる人が見れば、それは特殊なスキルであることがわかるはずです。

それは意味を表しているのではなく、できるだけ似通った意味合いを持った言い回し、言い方、内容を違う文化の中から引っ張ってくるというのが通訳・翻訳作業なのです。通訳・翻訳は英語がネイティブに運用できるようになってから、挑戦してください。

日本語脳を活性化させてはいけない！

また、「英語の文の意味を日本語で書け」という問題は、教育としてもナンセンスです。なぜかというと、英語の言語野を活性化させたいときには、日本語の言語野の活性化を抑えなければいけないからです。

新しい言語を学ぶというのは新しい神経ネットワークに学習をさせることであり、古い神経ネットワークに活躍してもらっては困ります。

脳が日本語モードになってもらっては困るのであって、そういった意味で英語を学習しているときに次の文章を翻訳せよという日本語の設問が出てくると、日本語の言語野が活性化してしまいます。

さらに日本語を書くという作業は、それは日本語の文章の練習、国語の練習にはいいかもしれませんが、英語の学習としては日本語モードを活性化するので非常に問題です。

ということで、「意味を書け」というのは出題としては全くナンセンスであり、英語を日本語で書くというのはもちろん、英語の学習法ということでも非常に問題です。

ですから、日本語が入ってくる英語の教材というのは、お勧めできません。

たとえば、英語の文章の直後に日本語の文章を聴かせるというのはナンセンス。もしもそういう教育プログラムがあるとすれば、言語もしくは脳の機能ということを全く分かっていない人がつくり上げたプログラムです。

英語を聴いた直後に日本語を聴くとか、日本語の字幕を見ながら英語の文章を聴くとかという方法論は絶対にやめたほうがいいし、特に学校教育の中で「英語のクラスで日本語を使う」もしくは「日本語の文章を書かせる」「日本語で説明させる」ということは、やめなければいけません。

学校での英語のクラスでは、先生は英語だけでしゃべってください。また、テキストブックには一文字も日本語を書かないでください。

英語の学習中に日本語を見る・聴くと・・・

脳
英語脳
日本語脳
せっかく英語脳をつくろうとしているのに、日本語脳が活性化してしまう！

今すぐ辞書を捨ててください！

ということは、和英辞典も日本語の言語野を活性化させることになります。ですから、皆さんが、英和辞典もしくは和英辞典を持っていたとしたら、今すぐ捨ててください。

捨てるのがもったいなければ他のことに利用してください。枕にするとか何でもいいけど、他の利用法を考えてください。もちろんたき火にするときに、最初に火をつけるのに役立てるとか、マシュマロを焼きたい人は、そういうときに利用してもらえばいいでしょう。

少なくとも英語の学習に英和辞典、和英辞典は絶対に使わないようにしてください。もちろん将来プロの翻訳者になったり同時通訳者になったときに、どうしても必要だったらそのときにもう一回買えばいいでしょう。買ったって二〇〇〇円、三〇〇〇円で買えるものだからそのとき買えばいいのであって、少なくとも今はすぐに捨ててください。

その上で、もしも辞書を買うとしたら、英語は英英辞典。ごく普通の『ウエブスター』（Webster）でいいでしょう。もちろん少し気の利いたやつだと、初学者用に難しい英単語の入ってない『ベーシックイングリッシュ』（Basic English）というやさしい単語でお互いの単語の説明をしている辞書でもいいでしょう。アメリカでアメリカ人が普通に使っている英英辞典でいいわけです。

もし、もう一つ買うとすれば『シソーラス』（Thesaurus）をお勧めします。昔から作家が文章をつくるときに「あるイメージがあって、これをどんな単語で表現しようかな」というときに使われる辞書です。英語の単語が抽象度の高い単語からそれぞれのカテゴリーに木構造に分類されているものです。

たとえば、「動くもの」なら「動くもの」について、分類されて書かれており、最後のほうにインデックスが付いていて、類語みたいに並んでいるので類語的な検索もしやすく一冊あると勉強に使えます。有名なのは、*Roget's International Thesaurus* といわれるものです。

ですから、辞書は、『シソーラス』とごく普通の英英辞典。その二つがあれば他に辞書は必要ありません。

何度もいいますが、日本語の書かれた辞書は絶対にやめてください。日本語の活性化をしてしまったのでは、英語の言語野の活性化をこれからしていくのに邪魔になるばかりだからです。

文法は意味がない！

次に学校などでよく教えられている文法についてみていきます。

言語学者であれば当たり前に知っていることですが、一般に知られていないことがあります。それは、

「英語も日本語もまだ完全な文法はない」

ということです。

たとえば英語は、英語の文法を中学校で習う、もうちょっと高度なものを高校で習う、大学受験で英文法を習う、もちろん一般教養で大学に行ったらそれなりに英語の文法みたいなのを学ぶ。

そうすると、その延長線上に大学院の英文法があって、さらに言語学者の英文法があって、最後はこれが完全な文法ですっていうのがあるのだろうと思われるとそれは間違いです。

言語学者もまだ完全な英語の文法は解明していません。日本語の言語学者は、まだ完全な日本語の文法は解明していません。言語学では文法のことを統語論といいます。この統語論はいまだに英語についてもまだ発展段階なのです。

たとえば、

John persuaded Mary to give Sandy sushi.

という文だったら、「ジョンはマリーにサンディに寿司をあげてと説得した」みたいな意味でしょう。

この内側の **to give Sandy sushi** という文（節）に（学校で習う文法を私たちは規範文法といいますが）、規範文法では「意味上の主語」という言い方をして、Mary を内側の文の主語として考えるという説明をします。

これを現代言語学では、ゼロ代名詞（ゼロアナフォラ）といい、内側の文の主語である Mary の**形態素**※が表層を持たないで統語論上では存在するという考え方をします。つまり、「意味上の主語」ではなく、「統語論上の主語」です。ただ、これが表層を持たない（形態素的実現がされていない、**without morphological realization**）と分析します。

これは現代言語学の統語論におけるコントロールという概念で、外側の文の目的語の Mary と内側の文の主語の Mary は単に名前が同じというだけでなく、まったく同じ人物（宇宙で無二の同一存在）であるという制約があるという分析です。

日本語なら、

「ジョンはマリーに、（マリーが）サンディに寿司をあげてと説得した」

【形態素】
言語学の用語で意味を持つ最小の単位

というように、

やはり、ゼロ代名詞がそこにコントロール関係で統語論上の内側の文の主語として存在すると分析できます。主語がないというのと、あるのだけど形態素上表層を持たないというのは全く異なる分析です。このような分析がされるようになったのは、一九八〇年代以降の出来事です。こう分析しないと機械翻訳システムや人工知能システムで自然言語処理といいますが、コンピューターに言語理解をさせようとしても、文法ルールの適用がうまくいかないのです。

このコントロールという言語現象ひとつをとっても、色々な流派のある統語論理論のそれぞれでどう扱うかは、現在でも言語学者の一つの争点となっています。

このように日常会話では当たり前の文章であっても言語学的な分析では現在でもディベートの対象ということです。ちょっと専門的すぎる説明になってしまったかもしれませんが、言語学の解説はさておき、つまり、完成された文法は英語も日本語もいまだ存在していないのだということを理解してください。

文法を学んでも言語を学んだことにはならない！

「*to* という不定詞がきた後にくる動詞は原形を取るんですよ。皆さん覚えてくださいね」というのが規範文法であり学校文法です。そして「内側の文章の意味上の主語が Mary です」というルールとしての教え方です。

一方、言語学者の仕事は、なんでこれが gave じゃなくて give なのかというカラクリの研究であり、また、コントロールという言語現象の統一的な理論モデルをつくるのが仕事です。

コントロールにおける内側の文章はテンスレス（時制がない）である、だから原形になり、また、内側の文のゼロ代名詞が外側の文の主語にコントロールされて唯一無二の同一存在として規定されるという分析ですが、こういった言語現象に対する統一的かつ整合的な説明はまだみつかってないのです。

「時制がない」というのは言語学的分析といえますが、「to 不定詞の後は、原形を取りますよ」という学校文法のルールは分析ではなく、スタイルとしての規範ですから、意味が全然違います。

文法とは、統語論分析の結果としての言語を定義する解析の系ということになりますが、学校で教えられている規範文法というのは、そうではなくて、その言語のネイティブスピーカーに規範的なスタイルを教えるものです。

つまり既にその言語ができる人向けの文のあるべき形の知識です。

日本の学校で教えられている英文法というのは、一九世紀頃のイギリスの学校で教えられていた規範文法を明治の頃に取り入れたものが、そのまま維持されているものなのです。化石のようなものといっても過言ではないでしょう。

そしてその文法は、もともと英語のネイティブスピーカー用につくられた規範であって、英語を知らない人が英語を学ぶためにつくられたものではないのです。

それでは、規範文法ではなく、現代言語学における統語論を学べばいいのでしょうか？

これも違います。言語学の統語論は、言語現象を分析するツールに過ぎず、これを学んだからといって英語ができるという話ではありません。また、万が一そういう統語論を利用した教育法がみつかったとしても、現代言語学はいまだに英語を分析し終わっていませんから、統語論で英語をちゃんと学べることにはならないということです。

文法は解明されていない！

人間が話す言語を、コンピューター言語のような人工言語に対比して「自然言語」といいますが、自然言語は、人間が言語を運用してきた中で、文字通り自然にできあがってきたものです。

コンピューター言語のように先に文法ルールをつくって、それに合わせて記述されるというわけではないのです。

そしてすべての自然がそうであるように、自然言語は実に複雑なシステムで、いまだに解明が終わっていないのです。

「ここは to 不定詞の後は原形じゃないといけない。あなたの文は過去形を書いちゃったから誤りです」というふうに学校では学びます。

しかし、これはそういうふうに英語が運用されて自然言語として出来上がってきたという分析の結果であって、文法が先なわけではないのです。

文の構造を研究する分野を統語論というのに対して、意味を研究する分野が意味論です。そして文脈レベルの情報を研究する分野を語用論といいます。

これらの言語学の各分野は現在生きている分野です。つまり、いまだに言語現象は解明されていないということです。

ですから、今でも言語学っていう学問があるのであって、解明されたら言語学っていう学問はないでしょう。

解明されていないということは、いまだに文法は完成していないということです。

実際、文法によって「あなたの文章は正しいです」「正しくないです」というのはいえません。ネイティブスピーカーがそうはいわないから、これは正しい文ではないというのです。ネイティブスピーカーがもしも文法で誤りとされる文を発話するのであれば、文法の方が誤っているというのが言語学の立場です。

ということは、文法を覚えても言語を学んだことにはならない。そうではなく、ネイティブスピーカーの言語運用を習得することが、言語を学んだということになる。この大前提をしっかり理解してください。

ですから、多くの学校で教えている文法を利用した英語教育をやっても、英語はできるようにはなりませんと断言できます。教育方法が間違っているのです。

もちろん日本語の言語野を活性化させるという大間違いも含めて、文法ルールを暗記することによって英語ができるようになるかもしれないということはあり得ないのです。

英語教師が遅れているのは仕方ない？

もちろん、学校教育がベースとしているいわゆる英文法は一九世紀の規範文法の時代から、最近では一九六〇年代ぐらいまでの哲学、言語学でいう構造主義を前提としていました。

言語理論ではフッサール、ソシュールといった哲学的な前提から、モンテギューという言語哲学者によって完成されたカテゴリアル・グラマーといわれる「自然言語は部分から全体へと一方向的に（単調的といいます）組み上げていくことによって文章の意味がつくられる」と考える言語哲学的な理論体系が背景にあります。

これが構造主義の考え方です。全体は部分を単調的に組み合わせた総和であるという哲学です。実際一九八〇年代ぐらいまでは、自然言語はそういうものだと、言語学者も信じていたのです。

ところが、ポストモダニズムにおけるディコンストラクション（脱構築）という言葉で日本でも知られるように、構造主義は誤っているということが哲学、言語学ではっきりと示されたのが一九八〇年代から一九九〇年代にかけてでした。

人工知能研究における自然言語処理や、計算言語学といわれる理論的な研究がベースとなって、人間の言葉を理解するコンピューターをつくろうと世界各地の研究機関で研究された結果、言語現象においては構造主義は誤っているとはっきり分かったのです。

実際、ほんの二〇年くらい前、私も参加していた日本の国家プロジェクトであった、いわゆる「第五世代コンピューター」プロジェクトでも、日本で一番賢い科学者たちが自然言語処理を研究した時代は、構造主義をベースとした理論で研究していました。

結果、人間の言葉を理解するコンピューターはつくれませんでした。

ただし、自然言語は、モンテギューのいうような、「一方向性の組み上げで

脳科学と日本の英語教育

明治時代
1980年代
現在
今でも日本の英語教育は
暗黒時代
機能脳科学によって、
脳が言語を学ぶ
メカニズムが解明
された！

は解析することができない」ということがはっきりとわかった、重要な「失敗」でした。

ほんの二〇年前の最先端の科学者達がこうでしたから、一九世紀からの伝統的な教育法を学んできた中学や高校の先生たちがいまだにそう思い込んでいたとしてもしょうがないでしょう。

もちろん、学問や科学は進歩しているわけであって、そして今はっきりと分かっているのは、言語は一方向的な組み合わせの現象ではなくて、双方向的な現象（ゲシュタルト的現象という）であるということです。

Garden path

有名な *garden path* 現象と呼ばれるセンテンスを見てみましょう。Garden path というのは、ヨーロッパなどでは、宮廷などの庭を迷路のようにつくっていたので、途中まで進んで、誤りだと分かると最初まで戻らなければならないような言語の解析をこう呼んでいます。人間は、言語を頭から順に単語を追って、理解していくので、*garden path* 現象が起こるという意味合いです。

The horse raced past the barn fell.

この文章をネイティブスピーカーが聴くと、*barn* までは、普通に *raced* を自動詞として「馬が納屋を走って通り過ぎた」と聴きます。

ところが、最後の *fell* を聴くと、それでは文章がパース（構文解析）できず、最初まで逆戻りして、*raced past the barn* の解析をやり直します。

raced の品詞が過去形の自動詞ではなく、受身分詞であると再パースされます。受身分詞は、主語が行為を受ける者であることを示す分詞です。

raced past the barn は、この受身分詞による修飾の関係節であるとパースされることで、最後の *fell* が主動詞（ヘッド動詞）として認識され、「馬が納屋を走って通り過ぎたらこけました」という解釈がされます。

複数の意味にとれる英文

The horse raced past the barn fell.

「馬が納屋を走って通り過ぎたら転びました」

「馬が枯れ草の横を走り去りました」

意味を知りたければ、
見ればいいだけ！
簡単です！

もちろん、ネイティブスピーカーはこのように統語論解析をしながら言語理解をするわけではないのはいうまでもありませんが、最後まで行って全く異なる解釈をする構造を統語論的に説明するとこうなるということです。

また、イギリス英語では、*fell* は「荒れた丘」を意味する名詞でもあります。ですから、

「馬が納屋のある荒れた丘を走って通り過ぎた」と、最初の普通自動詞として *raced* を解釈することも可能です。

また、アメリカ英語では *fell* に「枯れ草」という意味を持たせる地方もありますから、「馬が納屋の枯れ草の横を走って通り過ぎた」という解釈も可能です。

さらには、アメリカ英語のネイティブスピーカーならば、*barn* を主語にして、*fell* をその主語を主格とする自動詞として、

「馬が倒れた納屋の横を走り抜けました」

と解釈することもあり得ます。

このように、*raced* が自動詞になったり受身分詞になったり、また *fell* も複

数の意味の名詞になったり、また自動詞になったりと様々な解析の可能性があります。

恐らく構文解析的に一番可能性が高いのは、「馬が納屋を走って通り過ぎたらこけました」という解釈ですが、その他の可能性がないわけではないのです。

お分かりですか？　同じ文章でも文の中で構造解析が変わったり、動詞が名詞になったりと品詞まで変わるのです。もちろん、名詞も「荒れた丘」になったり、「枯れ草」になったりです。

また、どこで区切るかによって、文章の構造が違ってきます。

ということは、どういう組み上げをしていきますかっていうのは、全体の意味や全体の構造がなんとなく分からないと部分が決められないのです。

これが、構造主義的な一方向性の組み上げを前提とした言語解析は通用しないということです。全体の意味構造がなんとなく分かって初めて部分の品詞や構造的組み上げが定まることは自然言語ではよくあることです。

ところで、この文章の正しい意味はどれですかと聞かれれば、その文章だけ

では、絶対に分かりません。

しかし、実際にその場に行って納屋や馬の様子を見ればどっちが倒れたか、もしくは、*fell* は荒れた丘のことなのか枯れ草のことなのかは一目瞭然《りょうぜん》でしょう。

つまり、この文章は、その全体の意味を先に知らないと、文法の切り方や単語の品詞が分からないですよといってるわけです。

英語や日本語といった自然言語は、一方向的な単調組み合わせじゃなく双方向なのです。

学校で学んだことは忘れよう！

いまだに完全な文法が存在していないことをアンダージェネレーションといいます。英語のすべての文章に文法が生成しきれないという意味合いです。

逆に、文法が不完全だからこそ、文法的に正しくてもネイティブスピーカーが絶対にいわない文章が生成されることもあります。

これをオーバージェネレーションといいます。

文法は、新しい言語を学ぶためには役に立ちません。それどころか邪魔になる。同様に、ネイティブスピーカーでない人が文法理論から英語を学ぼうとしたら必ず失敗します。

今でも、学校の英語の指導方法、大半の中学、高校で教えられている英語の指導方法は、この過去の間違ったやり方を踏襲《とうしゅう》しています。それは今の英語の先生の先生の時代、もしくは今の英語のカリキュラムがつくられた明治、大正、昭和までで時間が止まってしまっているのです。

ところが、現在の最新の言語学や機能脳科学の研究成果の知見は明らかに異なっています。ということは、本当は日本も英語学習カリキュラムを徹底的に変えないといけませんが、なぜかそれを変えることが今でも行われていないのです。

日本の中学、高校で英語を学んだ皆さんは、被害者だと思ったほうがいいと思います。無知の被害者なのです。

ではどうすればいいかというと、皆さんが日本語を母国語として、つまりネイティブスピーカーとして学んできたときのように、文法ルールなんか無視してください。

文法ルールを学ぶのは、英語ができるようになってからスタイルとして学ぶだけであって、後で説明しますが、実際は単に、*the horse* の *the* の後に *horse* がくる、*horse* の後に *raced* がくるって、こういう順番を学んでいくだけ。それを何度も何度も学んでいくのです。

そのうち、脳内のネットワークが色々な解析の可能性を勝手に探し出すようになります。

●すでに本書の勉強法を体験した人たちの声●

「映像と音声による説明は本で読むのとはまた違い、とてもイメージしやすくて良かったです。この教材で習ったことは、他の分野にも応用できると思います。非常に有意義なものだと思います。

脳の使い方ひとつでこうも効果に違いが出るものなんだと改めて感心しています。これからも価値ある情報の提供をお願いします」

「『tree』という英単語を日本語の「木」という単語として覚えるのではなく、『tree』の単語から、そのものの形、音やにおいなどをイメージして五感で覚える訓練に深く感銘を受けました。

今後は、理論編と実践編を何度も聴いて理解を深め、今度の連休を利用して、英語漬けでトレーニングに励みます」

Chapter

3

すべての人が生まれたときから「英語センス」を持っている！

～最新の機能脳科学が解明した「脳が言語を学ぶメカニズム」とは？～

English

ユニバーサル文法とは?

前述したマサチューセッツ工科大学（MIT）のノーム・チョムスキー教授の「ユニバーサル文法説」について、私はかなりの部分で正しいと考えています。

ユニバーサル文法という概念は、

「もともと言語という宇宙があって、ユニバーサル文法を処理する能力を遺伝的に脳が持っており、ユニバーサル文法のありとあらゆる細かいパラメーターをどんどんどんどん設定していくと、英語になったり日本語になったりする」

という仮説です。

もちろん、言語現象が何かというときに、実際は私たちの知識も言語の一部であるし、視覚情報も言語の一部であるから、すべてを文法に還元するのは少し行き過ぎな部分があるのも確かです。一〇〇パーセント全面的に何でも言語現象は生得的っていってるわけでもありません。

ユニバーサル文法の仮説でいえば、それが英語であろうが日本語であろうが、一番深いところでは同じです。それどころか宇宙のどこかで、宇宙人が言葉をしゃべっていたとしても、もしも言語であればちゃんとユニバーサル文法にのっとっていると考えるのです。宇宙のどこにいっても物理学の波動方程式は通用すると考えるのと同様に、言語宇宙の波動方程式がユニバーサル文法の理論であると考えている学説です。

パラメーターとは？

ユニバーサル文法の発想は、いろんなパラメーターがあって、それをチューニングすればいろんな言語になるというものです。

たとえば、日本語はヘッドファイナルの言語です。ヘッドというのはその句だったら句、節だったら節、文章だったら文章の一番重要な部分をいいます。たとえば、日本語の文で一番重要なのは動詞と考えられており、ヘッドである動詞が最後にきます。「何々をした」とか「本を読む」というふうに最後に動詞がくるのが日本語です。

英語の場合は、動詞が最初にきます。このような言語をヘッドイニシャルといいます。

たとえば、こういったヘッドのパラメーターのようなものが大量にあって、それをチューニングさえすればいろんな言語になるということです。

これが、まさに言語能力の生得性の一つのユニバーサル文法の発想ですが、これは統語論の理論であって、本当に私たちが必要としている言語現象すべてが生得的であるかどうかはまた別な問題になります。

脳が言語を学ぶメカニズム

①生まれながらにして脳は言語能力を持っている

↓

②特定の言語を見る・聴く

↓

③脳がパラメーターを特定の言語にチューニングする

↓

④脳の中で特定の言語のネットワーク（回路）ができるようになる

↓

⑤特定の言語をマスター

「それは言語現象ではない！」

私がカーネギーメロン大学の大学院生のころ、チョムスキー教授の有名な高弟が私の先生で、チョムスキー言語学を徹底的にやったことがあります。その頃、チョムスキー理論で説明できていなかった言語現象に対する説明の理論モデルを考えついたと思ったので、その教授のところに質問に行ったら、教授に、「それは研究にならないよ、それは言語現象じゃないから」といわれたことがあります。さすがに驚きました。

それは、久野《くの》暲《すすむ》先生という当時ハーバード大学の言語学科の学科長をされていた日本人の著名な教授が研究されていた分野でエンパシーパースペクティブというのがあります。たとえば、日本語では、「太郎は花子に本をくれた」という場合と、「太郎は花子に本をあげた」という場合で、話者の感情が「くれた」では花子に、「あげた」では太郎に共感的であるという現象です。英語

は両方とも give ですが、日本語にはこういう情報的親近感で動詞が変わる現象があります。

あきらかに言語現象だし、なんといってもハーバードの言語学科長の研究テーマです。それを、MIT とハーバードの確執とかそういうわけではなく、本当にそのチョムスキー派の教授は、言語現象ではないと思っているのです。

私は、こういったエンパシー現象を、チョムスキー理論を拡大することで説明できるモデルを考えついたと思い、ボストンのハーバード大学まで出向いて久野教授に師事して、十分に自信のある理論ができたと思ってそれを教授にみてもらおうと話したら、なんと「それは言語現象ではない」といわれたのですから愕然《がくぜん》というところでした。

結局、私は次の年まで待って、チョムスキー派ではなく、カールポラード教授という、HPSG 理論という言語理論で有名な教授の下で HPSG 理論にのっとってこの論文を完成させたのですが、それがチョムスキー派のハードコアの教授には、言語現象ですらなくなってしまうのです。

だから、チョムスキーの「生得仮説」が正しかったとしても、それは、私たちが普通に思う言語現象全般のことではなく、あくまで、統語論の話ではあります。

もちろん、皆さんが英語の学習をするにあたって、何が統語論で、何が意味論で、何が語用論といった、学問的な分類は関係ありませんし、どうでもいいことです、何が音声学で何が音韻学かといったこともどうでもいいことです。

もちろん、脳もそんなことはおかまいなしに学んでいくので、そういったものが全部ワンセットになって私たちの言語運用能力になっていると考えてもらったらいいのです。

そして、言語運用能力が生得的か否かに関係なく、私たちの脳は後天的に、それも成人してから、ネイティブスピーカーとして新言語を習得することができるのです。

パラメーターのチューニングは何歳でもできるのか？

再三いっているように、そのすべてが生得的なわけではなく、私たちが今まで言語を学んでいる間に学習をしていくものも多くあります。

しかし、結局はパラメーターのチューニングがある程度年をとってからできるかできないかが重要になってきます。

ユニバーサル文法のパラメーターのチューニングに当たるものをニューラルネットワークが学んでいるものと仮定した場合、私たちが成人になってから（クリティカルエイジを超えてから）でもできるというのが、私が研究をしてきた結果の結論です。

そのできるという理由は単純であって、それは、脳神経は年をとっても何歳になってもチューニング可能だからです。

ある脳神経ネットワークに一つのクリティカルエイジが働く。働かないと次の学習ができないわけですから働くのは当然です。

しかし、私たちの耳は、ちゃんと色々な音の周波数を認識することができ、目は光を認識することができるわけです。

その次の言語運用能力のパラメーターのセッティングに関していうと、母国語で一つのネットワークのチューニングを設定すると、その設定を覚えたネットワークは固定化されます。ということは、そこにクリティカルピリオドが働くことは間違いないわけです。

では、どうすればいいかというと、

「使ってないネットワークを使えばいい」

ただ、それだけのことです。

やり方が正しければ、使っていないネットワークを使うことは可能です。

今までの外国語の学習法の問題は、わざわざ固定化されたネットワークの上

クリティカルエイジを克服するには？

脳はほとんど
使われていない！
使っている脳
脳
使っていない脳に、
英語のネットワーク（回路）
をつくればいい！

に英語を学習しようとするからダメだっただけです。なぜか、そういう学習法をやってきてしまっている。

私たちの脳はあまり使われていません。何パーセント使われているという言い方はあまりいい言い方ではありませんが、私たちの脳の抽象レベルまで含めた、非常に多次元の脳の情報処理ネットワーク空間の数パーセントくらいしか使っていません。

もちろん、正確に何パーセントと計算することはできませんが、私たちは実際の脳のチューニング能力のほんのわずかしか使っていないことは間違いないわけです。

だったら、使われていない脳神経ネットワークをチューニングすればいいだけの話です。

しかも、それが可能であることは、既にありとあらゆる過去の機能脳科学的な知見で分かっていますし、もちろん医学的な発見でもそれは知られています。

ある機能が損なわれたときにきちんと訓練をすれば、その機能部位以外のところで同じ機能をきちんと学ぶことができるように人間の脳はできています。先に述べた脳の可塑性です。

そういった意味合いでいうと、使っていない神経ネットワークでチューニングしてくれればいいし、それを英語脳だと思っていただければいいと思います。

ただ、使っていないネットワークで英語脳をつくるというのは、高次脳の脳機能的なレベルでの話であって、解剖学的なレベルの話ではありません。**ウォルニッケ野**※や**ブローカ野**※といったいわゆる言語野といわれる脳の部位はどちらにしても新言語のチューニングに参加するでしょう。

そういった脳の機能部位の高次機能としてのチューニングを新たな言語野として行うことは可能であるということです。また、音素や音韻などの物理抽象度の信号処理にしても、固定化されたネットワーク上のチューニングを発火させなければ、可能であるということです。

たとえば、言語ごとに異なるフォルマント周波数が違ったりするのであれば、その違うフォルマント周波数のところは新しい神経ネットワークで学んで

【ウォルニッケ野】
左脳にある言語の本質、意義などを理解する時に使う部分。別名ウェルニッケ中枢ともいう。

【ブローカ野】
言語を組み立てる役割をする部分。

くださいねというふうになります。

ただし、概念などの言語より高い抽象度の知識は既に固定化されたネットワークでもかまいませんよということでもあります。これについては次の章で述べましょう。

基本は固定化されたネットワークを使わず新しい神経ネットワークを参加させましょうよ、ただし、日本語の活性化を抑えた上でも利用可能なネットワークがあれば、それも使いますというのが、私たちの英語脳という考え方です。

ということで、物理的に脳のここが英語脳、これが日本語脳というわけではなく、脳内情報処理の空間でいうと、少し高い次元における新しい神経ネットワークを参加させたのが英語脳であり、もともと日本語として学んできたものは日本語脳というふうに思ってください。

クリティカルエイジはもちろん、クリティカルピリオドは当然あるし、言語の運用能力ということでは一三歳ぐらいまでで言語の習得は終わるといわれています。

しかし、それは過去の構造体の上に順番にのっていくというやり方であって、過去の構造体とは外側に言語の構造体をつくり上げればクリティカルエイジは働かない。もちろん、視覚能力などのように過去に固定化してしまったネットワークでも使えるものは利用する。

ただし、日本語という言語宇宙を想起させるものは、一切使わない。ただ、言語を超える抽象度における知識は利用する、という意味合いでの「英語脳のつくり方」というふうに認識してください。

チョムスキーはかなり正しい

このように、私は、かなりのレベルでノーム・チョムスキーがいっていることは正しいと考えているのです。

そうでなければ、ニューラルネットワークの数理なんかでやってみると、とても統計的ネットワークだけでは学習しきれないような高度に複雑な言語現象を、普通に三歳や六歳の子供がこなせてしまうというのは、何らかの遺伝的な情報として言語の運用能力は備わっているのだろうと考えるからです。

私たちがやっているのは、そういったパラメーターのセッティングのチューニングを言語の学習としてやっているにすぎない。

ですから、わざわざ文法能力は暗記する必要がありません。

脳は、勝手に文法つまり統語論を学んでいくのです！

脳の中には文法の基盤運用能力が入っていて、ただそのパラメーターの設定の仕方を知らないだけですから、本書で紹介する方法でチューニングをすればいいのです。

脳は勝手に文法を学ぶ！

脳
ユニバーサル
文法

↓

チューニング

↓

脳
特定の言語を
マスター

私たちは文法を学ばずに
日本語をマスター
したはず！

英語脳ができることは証明されている！

もちろん、私たちが違う言語の世界で臨場感をつくって、その世界にコミットしていくことで、もとの人格は当然維持したまま新しい英語脳人格をつくっていくことができます。

そして、去年ダートマス大学での会議で発表されたのですが、バイリンガル化していくことにより、私たちはモノリンガルのときよりも脳のランドスケープは広くなる。**つまり、バイリンガルの脳はより広く、より深く活性化されているということが報告されています。**

要するに、バイリンガル化することで私たちの脳がよりたくさん使われている。より賢くなっているということです。

それは良いことで、**英語脳をつくるというのは脳の訓練としても非常に優れているということです。**

実際に、こういった脳神経ネットワークの数理モデルの実証実験の中で、単語の次の予想をしていくというような子供のころからやっている学習をしていくと、神経ネットワークはちゃんと統語論まで学ぶことができるということも分かってきているのです。

実際に英語脳に関しては、過去に英語脳の雑誌での連載をやったころも含めて、私のクラスでは七～八年指導していますが、ずっとこの訓練を続けてきていてその中でもちろんいろいろな方法論にも専念してきたわけですけれどもいちじるしく、効果が上がっています。これは実際に過去の経験者がいっていることであって、それは間違いなく自信を持って練習してもらったらいいと思います。

●すでに本書の勉強法を体験した人たちの声●

「このプログラムをみて、他の方法論も含めて、言語学習の基本の仕組みが理解できました。まずは実践してみようと思います」

「脳の中に英語脳をつくるというイメージができたのが良かったのか、英語の上達が早くなった。意識して日本語脳を使わないようにすることで、本当に英語で考えることができるようになり、とても驚いています。本当に『50倍速英語脳プログラム』に感謝しています」

Chapter

4

赤ちゃんと同じ方法で英語を学ぶ！

～50倍速英語脳プログラム
―理論編―～

English

まずは、英語モードをつくる

これまで述べてきたように、『英語脳』をつくるには、

- **日本語ネットワークの活性化を抑える**
- **使われていない神経ネットワークを英語モードにチューニングする**

という過程を経る必要があります。

そうすれば、脳が勝手に英語を学び、『英語脳』がつくられていきます。

重要なのは、まず日本語ネットワークの活性化を抑えること。

英語脳をつくるためには、明らかに新たな脳神経ネットワークを訓練しなければいけないわけで、そのときに日本語ネットワークを抑えておかないと、脳が英語モードになりません。

「英語脳のつくり方」の基本メカニズム

①発話状況を見ながら英語を聴く
（海外ドラマなどを活用）

②次を予想しながら見る
（111ページで詳しく説明します）

③　①→②を繰り返す

上記を繰り返すだけで脳の
パラメーターが英語にチューニング。
そして、英語脳（新しい
英語のネットワーク）が
できてくる！

もちろん、抑えるといっても、急に音が聴こえなくなるわけじゃありませんし、物が見えなくなるわけじゃありません。

単に高次脳におけるチューニングで、新たな神経ネットワークをチューニングしている間に日本語の活性化を抑えるということです。

その上で、この後に紹介するトレーニングを実践していってください。

具体的には、前から述べているように、英語を学ぶときに日本語を使わないということ。私がクラスで指導するときは、日本語脳の活性化を抑える特殊音源を流しながらトレーニングをするようにしています。

子供が言語を学ぶのと同じように学ぶ

実は、私が指導する方法は、子供が言語を学ぶのと同じような順番で学んでいく方法です。

ですから、脳にとっては、とても自然な学び方なので自然に英語を学ぶことができるようになるのです。

私たちは、子供のころから、まず音素モデル（フォネティックス）を学びます。音そのものの「あー」だったり「いー」だったりといった音がどういうふうに発声されているか、認識されているかというメカニズムをお母さんの唇や舌の動きを観察しながら学びます。まさに文字通り、母国語 *mother tongue* です。

次に、その音がどういうふうに並んでいるかという並び方、二つの音素が結合することによって出てくるいろいろな音の違いやルールを学びます。そういったものが音韻モデル（フォノロジー）であって、そしてそれが一つの単語をつくります。

そして、そういった単語がどういうふうに並んでいるか、構造をつくっているかということが統語論（シンタックス）であり、そのシンタックスと合わせてどういった意味が生まれてくるかが意味論（セマンティックス）になります。

だいたいシンタックス、セマンティックスというときは、ピリオドまで、もしくは一センテンス内でのことをいうことが多く、それより先を語用論（プラグマティックス）と呼びます。たとえば、センテンスを超えての関係であり、状況です。

このように、子供は、より物理に近い信号処理のほうから、より抽象度の高い、まさに意味や概念のレベルまで順番に言語を学んでいくのです。

まずは音から学ぶ！

そこで、『英語脳』をつくる場合でも、まずは信号処理のレベルからのトレーニングをすることになります。

実際に発話状況があって、実際に音があるものを聴き、次の音を予想するというトレーニングをしてもらいます。

発話状況というのは、たとえば画面があるものです。映画や海外ドラマといった発話状況がしっかりとあるもの。

その上で、やることはまず音素のレベルで次の音を想像する。そして単語のレベルで次の単語を想像する。こういう作業をやっていく。もちろん最後は次の文章を想像する。

次の文章が何かっていうのはそう簡単に想像できないと思うかもしれませんが、誰でもできるようになります。同じ文章を何度も、同じＤＶＤを何度も見てもらえば誰でも想像できるようになります。「たしかあの文章の次にこんな文章がきたよね」といった感じです。

次を予想する！

日本の英語教育に慣れてしまった人は、もちろん卵が先か鶏が先かで、

「意味が分からないと文法は分からない」
「文法が分からないとそこがどういう単語か分からない」

「その単語が分からないと音が分からない」

というように考えてしまいがちですが、再三いっているように赤ちゃんが言葉を学ぶときは音から入ります。

たとえば *John tried* という音があったときに、*John* という音が /j/ と /o/ と /n/ でできていることさえも分からない可能性があるわけです。そういうときは、*John* みたいな音でいいから /j/ の後にこんな音みたいな、その程度でかまいません。

もちろん、多くの方は中学とか高校で *John* とか *try* とかという単語を既に学んでいるはずなので、そのくらいは最初から認識できる人は、*John* の次に *tried* というふうに予想してください。

でも、ネイティブスピーカーがいっている *John* とか *tried* という音は、おそらく学校で学んだときの音とは違うでしょう。ただ、何度もやっていると、ちゃんとネイティブの発音が認識され、その上で次の部分が予想できるようになります。

画面の中で認識しながら、最初はできるだけ細かい音の単位で予想するようにしてください。

文字はあとからでいい！

実際に赤ちゃんが言葉を学ぶときも音から入って、文字は後からついてくるでしょう。だから、まずは音から入ってもらわないといけない。文字は必要ありません。

ということは、何をいってるか分からないかもしれないし、意味は全然分からないかもしれない。でも、たとえば連ドラみたいなものであれば、いってることのうちの五分の一、一〇分の一も分かれば、だいたい筋は分かるわけです。

ですから、それで十分ですし、そもそも連ドラを楽しむための目的ではなく、英語を習得することが目的であることを考えれば、最初は五分の一、一〇

文字は見なくていい！

文字を学ぼうとすると、
文字列にとらわれて音素モデルや
音韻モデルの学習の妨げになる！

だから、最初は文字を見ないで、
英語のネットワーク（回路）
を徹底的につくる！

分の一も分かれば十分です。
日本語の字幕を見るのは論外ですが、英語の字幕を見るのも最初はやめましょう。

暗記はしない！

「次を予想する」というトレーニングを教えると、時々、多くのフレーズを暗記しようとする人が出てきます。暗記してしまえば、予想が当たるという考えからでしょう。

しかし、「次を予想する」というのは暗記することとは全然違います。暗記という作業とチューニングとしての学習は全然違う作業です。

暗記というのは、文章を暗記したり、画像を覚えたり、要するにある特定の情報を長期記憶に投げ込むことです。

暗記は、脳の記憶をつかさどる海馬のスクリーニングを経てやる作業であって、チューニングとは本質的に違います。

単純に意識して聴く、単に漫然として聴くのではなく、意識して聴く。実際に聴こえてくる音に意識をもっていって、その音を聴く。そして「その音の次にどんな音がくるかな」っていうのを想像する。

とりあえず、この段階では覚えるというよりは、単に音韻のネットワークをトレーニングすることが大切です。

英語が聴こえるようになってくる！

実際、英語脳のプログラムを過去に私のクラスでやっている人たちが経験しているのは、初日、二日目ぐらいに徹底的に音韻のレベルでトレーニングをする。

そうすると、もう最初から、初日、二日目ぐらいで急に英語の音がよく聴こえるようになってくる。それはなぜかというと、今までは、この音韻のネットワークが日本語の音を認識することにしか興味がなかったからです。

もともと私たちの耳はいろんな周波数の音が聴こえるわけですが、フォルマント周波数の特徴だけに興味を持って聴くように神経が働いています。それに対して違う神経もちゃんと活性化していいということを教えてあげることで、同じ音を聴いているのに本当に一日、二日で急に英語の音が聴き取れるようになってくる。聴き取れなかったのが聴こえるようになってくる。

徹底的に英語の音を聴く。*John* っていう言葉が聴こえたら、/j/ の音に /o/ そして、/n/ がくるかなというように。

ただし、実際の会話は速いので、ついていけなくてもかまいません。何となく次はどんな音がくるのかなっていうことを予想しながら聴く。これを徹底的にＤＶＤなどを見ながら繰り返してください。

教材には何を使うのがいいか？

自分なりの教材は、アメリカの連ドラがいいです。昼メロのようなものを指すソープオペラという言葉がありますが、語源はほとんどスポンサーが石けん会社だったことからきているようです。

つまり、主婦向けのドラマのことを指すわけです。主婦が家で炊事洗濯をしながらテレビを見る。ながら族用につくられているのがソープオペラと呼ばれる連ドラなのです。

連ドラを勧める一つ目の理由は、映画だと映画館に監禁されて一時間五〇分見続けるという大前提でつくられているので、ちゃんと見てないとストーリーはよく分からないようにに出来上がっているわけですが、連ドラの場合はちょっとぐらい目を離してもストーリーが分からなくなるということがありません。

つまり、完全に理解していなくてもストーリーがなんとなく分かるということです。

もう一つのメリットは、実際、私も映画をつくっていて、先日、映画祭に応募するためにフランス語に翻訳をしました。

そうしたら、ビックリするほど翻訳の文章の量が少ない。というのは、とに

英語脳をつくるのに最適な教材

- 海外ドラマ
- テレビで2カ国語放映されているものを英語で聴く
- 海外のitunes storeで海外ドラマをダウンロードする
- 海外ドラマのDVD

かくセリフが少ない。とくに今の映画はセリフが少ない。

ハリウッド映画もそうですが、ドカーン、バカーンとかいうのが多く、実際のセリフがあんまりない。これでは、言語習得には不向きです。

一方、アメリカのテレビドラマは、ソープオペラの伝統が守られていて、少しぐらい見ていなくてもシナリオは分かるようになっています。炊事や洗濯をしながら、テレビを見ているので、画面は見てなくても、話が通じるように、言葉で画面を記述するセリフが映画よりずっと多いのです。

ですから、もともと、英語が少しぐらい分からなくても状況はちゃんと分かるようにつくられている上、音だけ聴いていれば、画面がなくても分かるようにつくられているのです。情報量からいっても、言語習得というものの教材としては理想的になっています。

そういった意味で、理想はＦＯＸやＡＸＮみたいなものが流れているケーブルテレビと契約して、それを二四時間流しっぱなしにしたり、自分で録画をしておいて何度も見るということになります。

もしくはアメリカからそのまま連ドラのDVDのセットをAmazon.comなんかで買ってくるのもいいでしょう。アメリカのDVDは日本のDVDプレーヤーでは見ることができないので、アメリカのDVDが見られる「リージョンフリー」のDVDプレーヤーを楽天などで検索して買って、それを家で流しっぱなしにする。ある程度上級の人で時事問題に詳しい人はCNNといったニュースを流しっぱなしということでもかまわないと思います。海外の itunes store で海外ドラマをダウンロードしてもいいでしょう。また、PCで私の運営する http://www.v2p.jp/video からkeyholeTVソフトをダウンロードすればアメリカのテレビ番組をリアルタイムで見ることができます。とにかく、英語を流しっぱなしにする。

家の外で八時間仕事をして、日本語で八時間を使ってしまうのであれば、睡眠時間を六時間に削ってでも一〇時間は英語のAXNなりFOXなり、CNNなりを流しっぱなしにするという生活をお勧めします。

これが英語のモードをつくるということです。これが英語脳をつくることの基本で、同時に日本語の言語野の活性化を抑えることにつながります。

英語モードができると…

私の経験でいくと、海外に出張で行って、ごく普通に日本人とビジネスで会っていると、頭の中は日本語で夢も日本語でみます。ただ誰とも会わなくても、ホテルに行って、そのままCNNかなんか、もしくは地元のローカル局のテレビをつけっぱなしにして何となく聴いていると、夜寝ているときは夢はもう英語になっている。

聴くということも含めて、その言語生活が日本語と英語でより多いほうのモードを脳が取るという一つの例です。

もちろん、単純に時間の問題だけじゃなく、その他のいろんな複合的な要因もあるけれども、一般的にはその日、よりたくさん生活したほうの言語がそのモードになりやすい。

ですから、私は英語の連ドラを徹底的に見ることを勧めているのです。もち

あなたの脳が英語モードになると・・・

夢を英語で
みるように
なる！
英語が
聴き取れる
ようになる！

自然と英語が
口から
出てくる！
物事を英語で
考えるように
なる！

ろん、次の音を予想しながらです。

連ドラを見るときの注意点

連ドラを見るときは、第一話から最終回までを一通り見てください。そして、再度、第一話から最終回というように見てください。

第一話を連続で何回も見て、その後に第二話を連続で何度も見て、というようなやり方はやめてください。

ネットワークを訓練しているときに、同じ刺激ばかり何度も教えるよりも、たくさんの信号を見せて、そして元に戻るようにする。固定化を途中でどんどん入れていくほうが学習しやすいはずです。

固定化は脳が常に勝手にやってくれるので、どんどんどんどん先に進んでしまってかまいません。

では、次章で具体的なトレーニング法をみていきましょう。

Chapter 5

ネットで話題の誰でもできる「英語脳のつくり方」

～50倍速英語脳プログラム
―トレーニング編―～

English

トレーニングに入る前に「意識状態」を切り替える！

いよいよ、本章で「英語脳のつくり方」のトレーニングを紹介しますが、その前に重要なことを述べておきます。

それは、英語学習をするときの「意識状態」についてです。

実は、二つの理由から、これから紹介するトレーニングをするにあたって

「徹底的なリラックス状態」をつくる

必要があります。

その理由は、

・Sense of reality

学習するのに最適な脳の状態

リラックスする理由

- **sense of reality**
- **mode of learning**

・**Mode of learning** の問題です。

簡単に説明すると、「臨場感を感じるため」「学習しやすい意識状態をつくるため」ということです。

臨場感を感じよう！

まずは、**sense of reality** について詳しく説明します。

そもそも、言語現象は、ある特定の言語がしゃべられている、もしくは聴いているといった言語活動の一つの宇宙に対して、いかにそこで生み出された情報状態（状況の中の情報）を理解するかです。

ですから、その情報をいかに効率的に外の世界に表現することができるかというのが発話なわけです。伝えたい世界があって、その伝えたい世界が相手にいかに効率的に伝わるかが言語なわけです。

もちろん、ジェスチャーも使うし、絵もあるし、そういった伝える作業の中での主要な部分が言語であって、その他の部分も切り離すことができないということは前述した通りです。

したがって、本書でもＤＶＤを見るトレーニングを勧めているのです。音だけのトレーニングはやめましょう。

音だけでは「臨場感」を感じることができないからです。前述しているように、「英語脳」をつくるということは、あなたの脳の中に英語という言語空間をつくることになります。今は、日本語の言語空間しかないわけです。

たとえば、「馬が走っていてこけた」という世界が、いかにリアルに感じられるか。英語という言語の中でいかにリアルに感じられるかということが重要なのです。

その表現されている世界にリアリティーがないといけない。臨場感がないと「英語脳」をつくることはできません。

なぜ、小説を読んで涙を流すことができるのか？

実際、私たちが日本語の小説を読んだときに涙が流れるのは、小説の意味が思いっきり伝わるからです。それは、小説の世界の臨場感が高いということです。

電車の中でガタガタ揺れるという全然違う臨場感世界の中で、ちゃんと小説の世界で涙が流せてしまうほど臨場感が出るのが自然言語なのです。その自然言語がいかに強烈な臨場感を生み出せたか。その臨場感が生み出せたからこそ涙が出るほど感激したわけです。

もちろん、それは言語という世界であって、物理世界ではありません。そこでリラックスの話につながってきます。

私たちがリラックスしていない状態というのは、物理世界の臨場感が思いっきり高いことをいいます。リラックスすることによって初めて、物理的な現実世界ではなく仮想的な情報空間の臨場感を上げることができるようになります。

そして、言語の宇宙も仮想的な世界であり、物理的な世界ではありません。つまり、言語の世界の臨場感を上げないと、その言語空間での意味理解ができない。意味理解ができることによって初めて言語の習得ができ、英語脳が生まれてきます。

意味理解は同時に行われる必要があり、そのためにはその言語で表されている空間に臨場感がなければいけない。

臨場感を維持しているのが言語コミュニケーションであって、それは物理空間について語っていても、もはや物理空間ではなく言語空間なのです。

ですから、「英語脳」をつくるには、言語で表現している世界に臨場感を感じるように自分の意識状態をつくり上げなければいけない。もともと母国語が日本語なのに英語をネイティブスピーカーとしてしゃべれる人・聴ける人は、英語を聴いた瞬間に、その英語で記述された空間に臨場感をふっと持って行けるように自らが出来上がっているのです。

sense of reality

ところが読者の皆さんはまだ、それができないわけですから、その意識状態をつくってあげなきゃいけない。

そして、その大前提となるのがリラックスなのです。物理空間の臨場感を下げるということがリラックスの基本的な意味。

それが**sense of reality**。

役者も同じ！

たとえば、役者の世界で演技の訓練をするときも、徹底的にリラックスをさせてから舞台に上げる。それは当たり前で、肩が凝っている人に肩が凝ったまま舞台に上がられたときには、それは生身の自分であってシナリオの役柄は肩が凝っているかどうかは分からないのであり、役柄を演じることはできません。

ですから、徹底的にリラックスさせるようにします。これは肩が凝っている物理の世界を一度ステージの外に置いていって、ステージの中のこれから演じる世界の臨場感の中でもう一回体をつくってくださいねっていう意味です。

これを英語学習でも実践するためにリラックスが必要なのです。

「今までの日本語という言語空間に慣れ親しんだ体はとりあえず置いておいて、これから学習する英語の言語空間に臨場感を持っていく」

その方法はものすごく簡単で、英語空間の臨場感をつくろうという努力をする必要は全然ありません。日本語という世界に慣れ親しんできた今の物理空間の臨場感を下げるだけでいい。

具体的な方法は後で述べますが、そのための大前提がリラックス。徹底的に体をリラックスさせる。物理空間の臨場感を下げる。それがリラックスということなのです。

モードオブラーニング

次に **mode of learning** について説明します。

私たちは緊張しているときは学習するときではありません。学習成果を発揮するときは緊張しているときですが、リラックスしているときが学習するときなのです。

たとえば、私たちが原始人だったとき、槍《やり》の投げ方を覚えるときはリラックスして学んでいたはずです。リラックスして、仲間同士で槍を投げるでしょう。それも仲間で一番槍を遠くに投げられる人のイメージをよく見て、リラックスした状態でイメージトレーニングを徹底的にして何度も何度も真似する。そのときはリラックスした状態でかまわない。これが学習するとき。

そして目の前に猪《いのしし》がワーッと走ってきたとき、ウォーって緊張する。それがまさにウワーって緊張状態（いわゆるストレス状態）になる。猪が走ったとき

交感神経と副交感神経

交感神経

自律神経系を構成する神経のひとつ。

心臓の働きをうながし、血管の収縮、胃腸の働きをおさえ、瞳孔を開くなどの作用があり、激しい活動を行うと活性化する。交感神経優位は緊張した状態になる。

副交感神経

外部からの刺激に応じて活動する自律神経系のひとつ。交感神経と相反する作用をもち、ホルモンなどを制御している。副交感神経優位はリラックスした状態になる。

は、ウワーッと興奮して交感神経優位の状態になって、既に学習済みのパターンの行動を行う。それが学習成果を発揮するとき。

狩りが終わったらリラックスして、副交感神経優位の時間に入っていくわけです。

このように、脳にはモードのスイッチができていて、リラックスした副交感神経優位の状態で学習がされるようになっています。

ですから、リラックスが重要なのです。

リラックスのやり方

それでは、リラックスする方法を紹介します。

私がクラスで教えている方法はすごく単純で、

「息を吐きながら体をゆるめる」

ただ、それだけです。

息を吐きながら緊張させるのは誰でもできます。たとえば、空手は息をハーって吐きながら突いています。緊張して吐いているわけです。ボクサーがパンチするときも、力を込める瞬間には息をフッと吐いています。

基本的に、息を吐くとき人は緊張しています。だから、誰でもできる。そうではなく、息を吐いたときにゆるめる。これが重要なのです。

どうしても私たちは、息を吐いているときに緊張してしまう癖がついてしまっています。だから、そういうときに徹底的にゆるめるようにするのです。

逆に息を吸っているときは、誰でも体をゆるめます。息を吸っているときはゆるんでいるときなので、息を吸っているときにゆるめなさいというのはわざわざ教えません。もちろん、息を吸っているときもゆるめなければいけませんが、それは勝手にやれます。

こうすれば、誰でもリラックスできる！

ですから、リラックスの基本は簡単です。

息をゆっくりフーッと吐きながら、力を頭のてっぺんから順番にゆるめていってもらう。頭のてっぺんをゆるめて、首をゆるめて、肩をゆるめて、背中をゆるめて、両ひじをゆるめて、手首をゆるめて、指先をゆるめていく。

イスに座っていたら、もう体がグテーッとするまで意識的に上から順番にゆるめていく。息をフーフーって吐きながら、ゆるめていく。

実際は、自分の手を取って、手を離すとコテンと落ちるぐらいまでやる。手をパッと持って放した瞬間にポテンと落ちるまで、リラックスさせてください。

自分でやってみる。息を吐きながらどんどんどんどんゆるめる。肩が凝っている人は、肩もゆるめる。とにかくゆるめる。息を吐きながら徹底的にやっ
、リラックスしてください。

リラックスする方法

1 息を吐きながら、体をゆるめる

2 自分で腕を持ち上げる

3 グデッと、腕が落ちる

逆腹式呼吸でリラックスする！

そして余裕がある人は逆腹式呼吸もやってください。

逆腹式呼吸というと難しく感じる人が多いようですが、実際、逆腹式呼吸は実は息を吐きながらゆるめるっていうことをやると、勝手に逆の腹式呼吸になっています。

具体的には、息を吐き出しながら体をゆるめます。吸い込むときは何も意識しないで、息を吐き出しながら体をゆるめます。

息を吸うときにお腹をへこませ、息を吐くときにお腹をふくらませます。口と鼻と両方で吐いていいので、ゆっくりゆっくり息を吐きます。とにかく、息を吐くときに全身をありったけゆるめることが重要です。

この逆腹式呼吸を五分から一〇分やります。得意な人は二〇分ぐらいやってもいいですが、それだけだと飽きると思うので五分から一〇分でいいと思います。

逆腹式呼吸のやり方

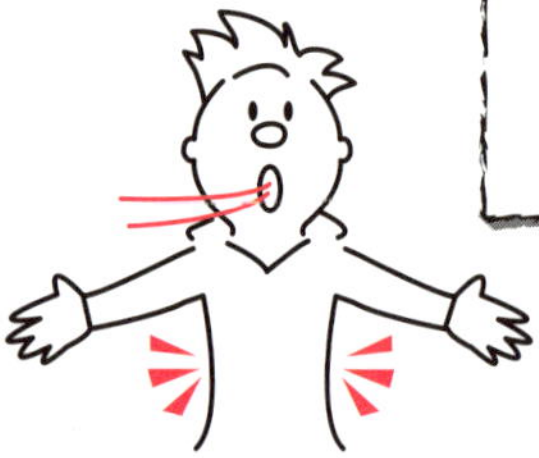

1 息を吸いながら、お腹をへこます

2 息を吐きながら、お腹をふくらます

ときどき、そのまま寝ちゃう人がいると思いますが、実は寝ちゃってもいいです。もちろん、寝ないに越したことはありませんが、寝ちゃってもいいぐらいリラックスをまずしてください。

英語モードのつくり方① 一つだけ単語を拾う！

それではリラックス状態をしっかりつくった上で、英語の連ドラを見ながら「英語脳」のトレーニングを進めていきます。映画でもいいですが、前述したように会話の多いアメリカのテレビ連ドラがお勧めです。

そういったものをテレビにつけっぱなしにして、そして音を出しっぱなしにし、ボリュームは普段より少し大きめにしてください。もちろん、大きめの音量で周囲に迷惑がかかると思う人はヘッドホンでかまいません。

私がクラスで教える場合は、日本語の活性化を抑える音源を同時に鳴らすようにしますが、なくても大丈夫です。

「英語脳のつくり方」トレーニング手順

①１つだけ単語を拾う！（→143ページ）

②単語をイメージする（→145ページ）

③単語を五感で感じる！（→146ページ）

④抽象度を上げる！（→149ページ）

⑤単語のイメージを広げよう！（→152ページ）

⑥次を予想する（→155ページ）

そして、まず聴こえてくる英語の音の中で、一つだけ単語を拾ってください。なんでもいい。たとえば*tree*という単語が聴こえてきたと想定します。日本の中学校を卒業した人はみんな知っている*tree*という単語でいいです。自分の知っている単語を一つ、まずは音を漫然《まんぜん》と聴くだけでいいです。

一つの単語をつかまえたら、次にその単語から想起するイメージをできるだけつくり上げてください。

英語モードのつくり方② 単語をイメージする

たとえば、*tree*だったら、あなたが思う*tree*のイメージを思い浮かべてください。

ここで注意してほしいのは、*tree*と聴いて日本語の「木」という言葉を思い浮かべてはいけません。

これはやめてください。日本語の言語野の活性化になってしまいます。

英単語を聴くと、すぐに日本語を思い浮かべるということが癖になっている日本人はとても多いようです。よく単語の暗記で英語の単語を見るとそれに対応する日本語をパッといって暗記する人がいます。

それで、単語の意味を理解していると思ってもらってはこまります。こういった受験勉強をしちゃった人は全部間違いです。

これは、日本の英語教育の弊害でもありますが、機能脳科学から見て間違った勉強法に洗脳されているわけです。*tree* を聴いて「木」という日本語を思い浮かべては、日本語の活性化を抑えてないことになってしまいます。

英語モードのつくり方③　単語を五感で感じる！

単語というのは、*tree* という単語と木のイメージがワンセットになって、はじめて意味が生まれます。

実際は、*tree* という単語は、*tree* のイメージである視覚情報と一緒になって初めて意味になるわけです。

私たちが「木」を見て学んできたことは、木という単語だけを「木、木、木、木、木」といって暗記してきたわけじゃなく、木を見て木という言葉を覚えてきたはずです。

物を見て触って感じたわけです。実際にイメージが想起されなければ意味は生まれないのです。要するに五感を全部使うわけです。

そこで次にやることは、まず*tree*という言葉を聴いたら、*tree*で想起されるイメージを「パーン」と視覚的にイメージします。

そして次に、これに対して五感で感じてもらいます。もしも*tree*であれば、音（聴覚）、味（味覚）、におい（臭覚）、感触（触覚）、見た目（視覚）などのイメージを広げてください。

*tree*といいながらイメージを絵で見て、それからどんな音がするかで音で聴いて、そして味を味わう。味を味わったことがあるかどうか分かりませんが、葉っぱだったら一度ぐらいなめたことがあると思うから、味を味わう。におい

五感で感じる

をかぐ。そしてもちろん手で触れた感じ。葉っぱに触れた感じ、幹に触れた感じ。

たいていはテレビの中に映像があると思うからそれを利用すればいいし、映像がなくても別の自分なりに臨場感の出しやすいそういったものでかまわないので、その映像をしっかりと使う。

そしてそれにちゃんと五感で感じる。**sense of reality** を出さないといけない。臨場感を出さないといけない。

英語モードのつくり方④　抽象度を上げる！

ここで重要なのは、日本語の「木」という言葉の発火はさせないということ。私たちは言語で世界を認識しており、その知識は大量にあります。

ですから、(「木」という言葉ではない)「木」という概念があったとしたら、日本語の「木」と英語の *tree* というのがぶら下がっているわけですが、「木」

は使わない。抑えておきます。

つまり、わざわざ「木」の概念を忘れて、一から*tree*を認識する必要はありません。あくまでも日本語の「木」を抑えておくだけでいい。

そうしないと、何の知識もない子供に戻って、すべてを学び直さなければならなくなります。それでは、赤ん坊が言語をうまく話せるようになるのと同じくらいの時間がかかってしまいます。つまり、六〜八年、場合によっては一二〜一三年かかってしまいます。

ただし、今回は短期間に英語を習得する必要があるので、*tree*にまつわる知識はすべて使うようにします。

もちろん、前述したように、日本人の思い浮かべる「木」とアメリカ人の思い浮かべる*tree*は違いますが、言語レベルより抽象度の高い「木」の概念は利用する。

まず最初は、*tree*であれば、今まで体験してきた「木」の概念を思い浮かべてもらってかまいません。

抽象度を上げるイメージ図

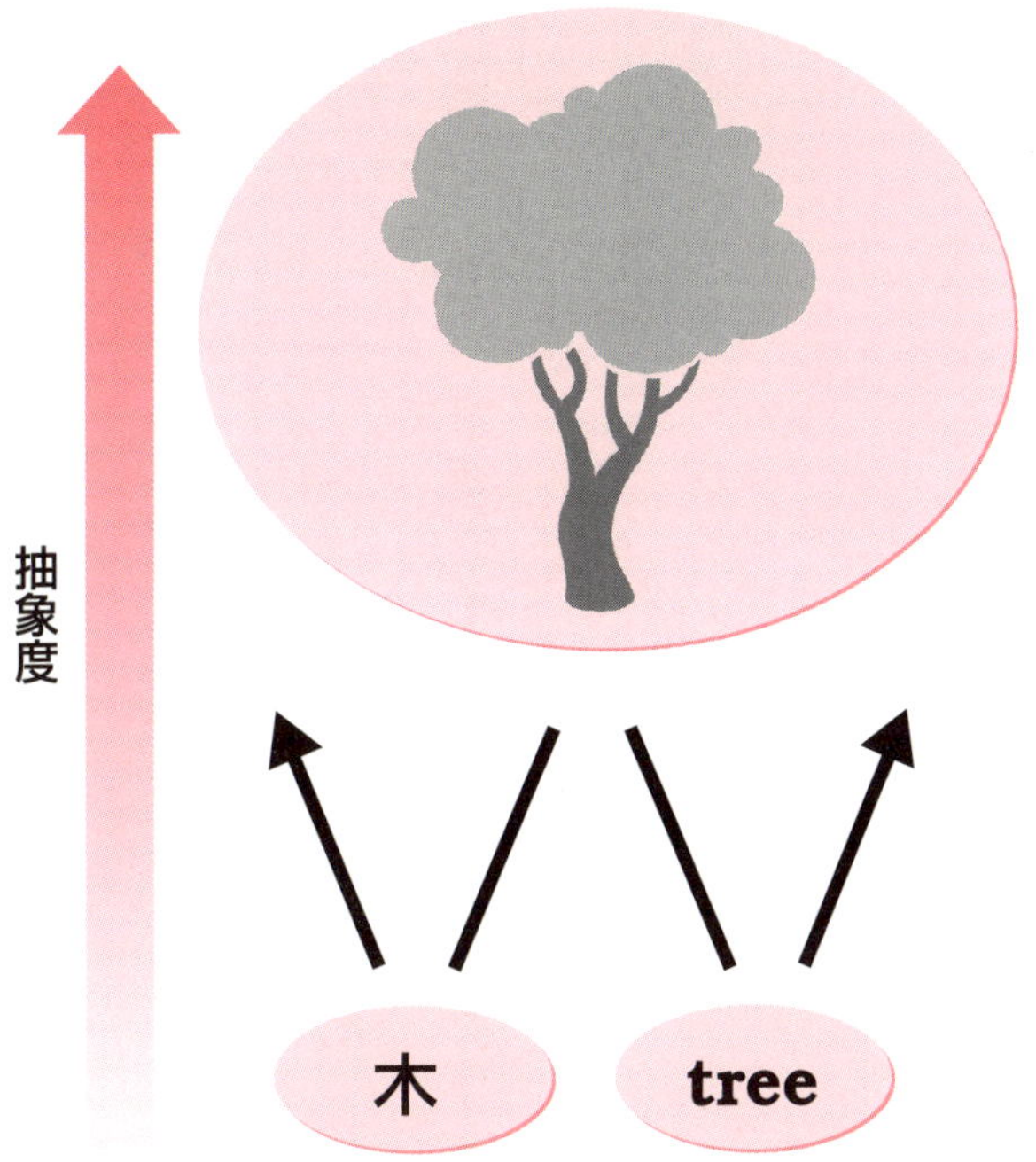

このときに、日本語の「木」を発火させないようにして、*tree* という言葉を聴いたら、その *tree* という言葉で木の概念やイメージをパーンと出す。そしてそこに今度は、五感を乗せる。味も臭いも音も乗っける。それをまずしっかりやる。

そうすると、臨場感がわいてきます。

英語モードのつくり方⑤　単語のイメージを広げよう！

そして、*tree* に臨場感を感じると、自然にそこから連想が生まれてくると思います。そうしたらその連想が生まれてきたときに、これは何というのかなと自分の頭の中で感じてほしい。中学校を卒業した人なら分かるレベルの単語で十分なはずです。

このときは、見ているＤＶＤのストーリーは全然気にしなくていいです。単に英語のモードで後ろで英語の言葉がずっと聴こえているだけでいいです。

その中で自分の知っている英語の単語で、*tree* から *leaf* , *fire* などを連想する。もちろん、単語は何でもかまいません。

leaf という単語を連想したとすると、*leaf* に対してはまた同じことをやる。味やにおいを感じる。でまた連想する。*leaf* から *tree* が出てきて、*fire* がきて、*fire* がきたら *water* がきてというように、どんな単語でもいいのでどんどん連想していく。

そうすると、どんどんどんどん連想ネットワークが生まれてくる。これが皆さんの英語の語彙《ごい》ネットワークになります。

それで一回DVDを見て、ありったけ連想を広げて、もう一回同じDVDで訓練をやる。もしかすると二回目は違う単語が認識されるかもしれませんが、それを自分で体感を持ちながらやっていくと、英語の語彙ネットワークがどんどん英語空間として生まれてきます。日本語を介さないでも分かるようになるのです。

このように、初期的な訓練ではストーリーは関係ありません。ですから、D

単語のネットワークをつくる

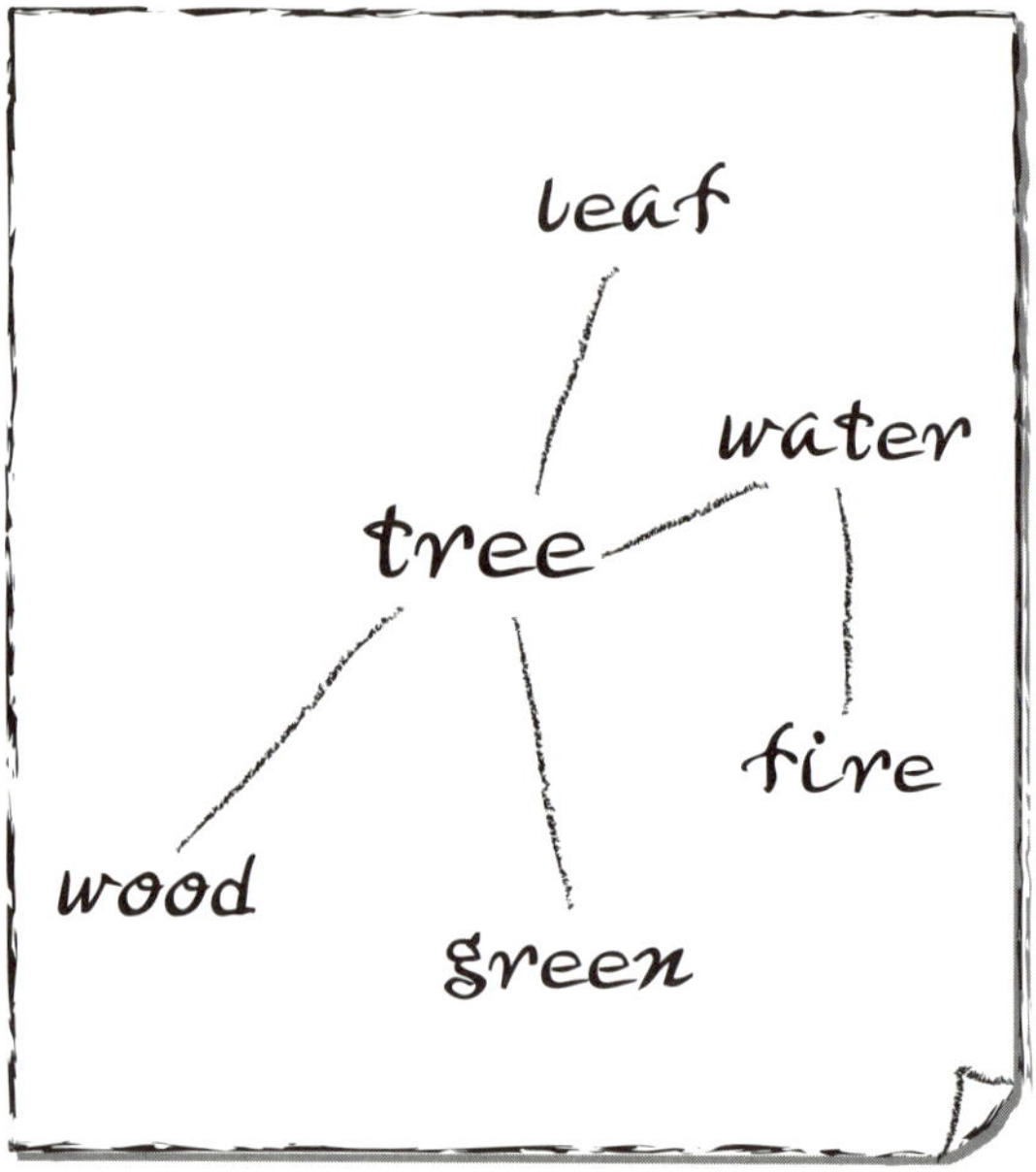

VDは何でもかまいません。単にモードをつくるために後ろで英語がずっと流れてくれていればいい。

本気で語彙を増やしたい人のために、私のクラスでは『シソーラス』という辞書を使ってイメージを広げていく方法も教えていますが、ここでは説明は省略します。

英語モードのつくり方⑥　次を予想する！

このように、一つの単語をつかまえてイメージがバンバンわいてくるようになると本当に臨場感が生まれてきます。映画を見ているかのように、夢をみているかのように感じられる意識状態をつくっていくことと同じです。

ここまでが英語脳の基本になります。

一～二日間ぐらいは最低でもやってほしい。一日五時間くらい徹底的にやる。そうすると、英語モードがどんどんつくられていきます。

その次のステップとして、今度は次の単語を予想する。
たとえば、

John gave Mary a book.

という言葉があったときに、*John* という単語の次に *gave* が来ますよ、次に *Mary* がつきますよ、*a* がきますよというように、次に何がくるかという予想をしていく訓練をします。

こうやってありとあらゆる英語の文章をＤＶＤを見ながら聴いていくと、名詞、動詞とかいう品詞別の区別も含めた統語論ネットワークが脳内に自然にできるようになります。

神経ネットワークの数理では有名なエルマンネットという数理研究で実証されていますが、このように次を予想するニューラルネットワークを訓練するだけで、そのネットワークの活性化状態を統計処理（クラスター分析）してみると、ちゃんとニューラルネットワークが文法モデルを学習することができることが知られているのです。

要するに文法が勝手に学べるようになるのです。

そしてもちろん第三章で述べたように、「生得仮説」によれば、脳が勝手にパラメーターをチューニングしてくれるようになるのです。

ニューラルネットワーク

そこでまさにニューラルネットワークの訓練が起こるわけです。

これが英語脳のニューラルネットワークの訓練になり、一つの単語を拾ってイメージを広げること、次を予想することを並列的に同時にやり続けてください。

慣れてきたらこれらを同時に超並列的に行う。つまりどんどん聴こえてくる単語に対して並列的に連想ネットワークを活性化していくのです。同時に次の単語の予想をしていきます。無意識的にどんどんネットワークをつくっていけるようになれば、かなりのレベルになってきます。

実際、私たちが日本語を話しているときは、日本語の文章を聴きながら、無意識の脳の中ではそれぞれの単語にまつわるネットワークがバッバッバッバッバッって超並列的に活性化しています。

これを、英語を学ぶときはあえて自分で意識的にイメージをつくるようにして、だんだん並列化していくということで英語脳をつくっていく。

次を予想するという行為を徹底的にやっていくと、本当にあるとき統語論を学習してしまいます。そうすると、ある文章を聴くと、次から次へと次の言葉が言えるようになってくる。

そうすると、運用的な語彙知識と統語論が習得されますから、発話もできるようになってきます。

発話訓練に効果的な「シャドーイング」とは?

同時通訳の訓練では、昔はリピート、最近はシャドーイングといっている訓練をやります。実際に自分の筋肉を動かして発音などの発話をネイティブに近づけている訓練であり、また、同時通訳に必要な聴きながらしゃべるという訓練でもあります。

ある程度ネットワークが活性化して次を予想するということが上手になってきたならば、今度は実際に声を出してみてください。

DVDを見ながら、役者の後に続いて発話してみてください。

シャドーイングすることで、自分が使えるフレーズに変わってくるようになります。

実際、何度も発声するとだんだんパラメーターがチューニングされてきます。子供が一日中一つの単語をいい続けたり、同じ声をアーとかウーとかいい続けたりするのと全く同じです。何度も何度もあとから繰り返してやっていくと英語脳のネットワークができてくるのです。

実際に、これを集中的にやると、本当に二日目、三日目ぐらいから、実際使っていない英語特有のフォルマント周波数も含めて、特徴を抽出できるような意識状態に変わってきます。

今まで英語のヒヤリングなんかがすごく苦手だった人でも急に音が聴こえてくるようになるだろうし、人によっては実際に街を歩いているときに、隣にいる人が実際は日本語をしゃべっているのに、なんか英語をしゃべっているように聴こえてきたりとか、英語で夢をみたり、英語ができないはずなのになぜかちゃんと夢は英語でみてるとか、寝言を英語でいったりというふうになってきます。

文字は最後の最後でこう学ぼう！

最後に何回聴いても、単語が何といっているかわからないときやスペリングを知りたいときは、クローズドキャプションという英語の字幕を見てください（何度も繰り返しますが、日本語の字幕は絶対に見ないでください）。

ただし、英語脳のトレーニングを最低でも一～二週間続けたあと同じＤＶＤにしてください。

英語の語彙の習得という意味では、確かに役に立つわけですが、私が最後の最後まで英語の字幕を見て欲しくない理由は、まずは音声言語としての訓練が終わってから文字言語に入っていってほしいからです。

そこで今の段階では徹底的に単語のレベル、文章のレベルで次が予想できるどころか、役者のいっていることを自分が先にセリフをいえるぐらいになってから文字訓練をするつもりでいてください。

実際の英語の字幕を出すのは最後の最後にしてください。

あとがき

日本では、高校卒業までで六年間、大学まで入れれば一〇年ぐらい英語を学んでいるのに、なぜか、ネイティブスピーカーとの平易な会話どころか、アメリカの空港での入国審査や、英語圏の国への旅行時のショッピングなどの簡単なやりとりさえもうまくできないのが、多くの日本人です。

それなら書き言葉、読み言葉ならどうかというと、大学でのいわゆる原書講読などでは、たった一冊の本を半年とか一年かけて読むという程度のレベルです。それもほとんどが翻訳作業を「講読」といっています。ですから、『タイム』や『ニューズウィーク』といった雑誌を英語のまま読むことができない成人がほとんどでしょう。『タイム』や『ニューズウィーク』に日本版があることと自体が、日本の英語教育の情けなさを物語っています。

私は、常々、日本の中学校、高校、そして大学の英語教育を文部科学省が私に任せてくれたなら、日本人を『タイム』や『ニューズウィーク』を英語のまま読める人に育てることができるのにと思っています。会話能力であれば、中学、高校の六年間で、十分日本人をネイティブレベルの会話運用ができるレベルまで引き上げることができると思っています。

これは、二〇年以上続けてきた、特に言語野を中心とした機能脳科学研究と、計算言語学と呼ばれる言語現象の数理解析研究の成果から自信を持っていえるからです。

二〇〇〇年にこの成果を利用して『CNNイングリッシュエキスプレス』という雑誌で、「英語脳のつくり方」という連載をしたところ大きな反響がありました。「英語脳」という言葉は、そのとき私がつくった造語です。

その後、研究などが忙しく、この分野の執筆は全くしていなかったのですが、「英語脳」という言葉にインパクトがあったのか、独り歩きしたようで、いつの間にか、私以外の著者による「英語脳」というタイトルを使った本がたくさん書店に並んでいるという状況になっていました。

ただ、それらの本を読んでみると、機能脳科学に対する誤解に基づく書籍が多いと感じ、これはしっかりと書籍にしなければと思いたったわけです。

本書は、まさに、「英語脳」という概念を提唱し、その言葉をつくった、脳機能学者の私本人による書籍です。

もちろん、「英語脳」プログラムは本書で紹介した以外にも色々あり、私のセミナーなどで導入していますが、本書に書かれた基本プログラムをしっかりやるだけで、十分にネイティブ化された英語運用能力が身につくはずです。


私の家は代々英語の教師です。曾祖父はラフカディオ・ハーン（小泉八雲）の同僚であったことでも有名な英文学者の佐久間信恭です。佐久間信恭は、内村鑑三、新渡戸稲造、宮部金吾らと共に、クラーク博士の札幌農学校の第二期生として知られています。明治四二年に出版された当時の代表的な和英辞典である『和英大辞林』の共編者でもあります。

また、祖父はコレポン（コマーシャルコレスポンデンス）の愛称で長い間日本中の大学の教科書にもなっていた『商業英語通信軌範』の著者であった苫米地英俊です。

この著書は大正六年（一九一七年）に出版されてから、一九四九年に最終版が出るまで、半世紀近くも刊行され続けたロングセラーでした。旧日本商業英語学会（現在は国際ビジネスコミュニケーション学会）の創設者の一人でもありました。

英語教育と私はそういう意味でも生まれたときから宿縁であったともいえます。私の名前が英人であるのも関係ないわけではないということです。また、私が、かつて上智大学外国語学部英語学科で言語学を専攻したのは、特に祖父の影響を強く受けたからです。脳機能学者が英語教育の本とは何故かと疑問に思われた読者もいらっしゃると思いますが、まさに英語教育が本来は、「家業」なのです。実際、私自身、高校生の時から予備校で浪人生に受験英語を教えていたことがあるくらいです。

曾祖父の時代に遡《さかのぼ》ってみると、まさに私が捨てよという明治時代からの英和・和英辞典の編纂《へんさん》者であり、私が批判している現在でも続く翻訳文化としての英語教育の立役者の一人であったわけです。明治の時代にはこれは唯一の方法論であり、よしとしましょう。

これを二一世紀に今でもやっていることが問題なのです。興味深いのは、祖父の時代のコレポンです。当時使われた商業英語の通信文書をハーバードやオックスフォードまで留学して大量に収集し、これらが生のまま収録された著書です。

DVDのなかった大正時代であり、海外への渡航が自由にできなかった時代ですから、まさに貴重な生素材であったわけです。実際、当時コレポンを学んだ人たちが、日本の貿易立国を支えていったわけです。

つまり、明治の昔はともかく、戦前の日本は大学レベルくらいになれば、それなりにしっかりとした英語教育がなされていたわけです。ところが、なぜか、戦後の日本の英語教育は明治時代に逆戻りしているのです。日本人を世界の言語孤児にする意思が戦後働いたのではないかと思うくらいの不思議な出来事です。

その結果、日本では中学校から英語は義務教育であるにもかかわらず大学を出ても満足に英語ができないという異常な事態が起きているのです。

それなら、いわゆる民間の英会話教室ならいいかというと、こちらは、ネイティブスピーカーと会話をすればいいという部分は評価できますが、英語体験の絶対時間がまったく少ないし（ネイティブと会話するのは実質週に二〜三時間というところでしょう）、また、教育法も最新の認知科学などの成果を反映させるというところまでにはとても至っていないのが実情です。

本書で説明したように、「英語脳」の獲得には、何といっても、英語モードをつくる必要があり、これは、各日の英語体験時間を日本語体験時間より長くする必要があります。ですから、週に二度とかの英会話クラスでは全く不足です。それでは、毎日、英会話学校に行く必要があるかというと、もちろん、それができれば理想ですが、それでも、一日一〇時間行けるわけではありません。

言語体験はアクティブな体験とパッシブな体験に分かれます。アクティブな体験とは、たとえばネイティブと会話するなどの、参加型のダイナミックな体験です。パッシブな体験とは、英語を聴くだけなどの、受動的な体験です。英語モードをつくるには、パッシブな体験でも英語体験の時間としていいのです。

ですから、たとえば、アメリカのテレビ連ドラの音声のみを、MP3などにしてミュージックプレーヤーで聴くのでも構わないのです。

視覚情報がないので、状況における意味を学習する本来の英語脳学習にはならないのですが、脳を英語モードにするという意味ではこれでいいのです。ですから、朝から晩まで、英語連ドラの音声だけを流しっぱなしにする。通学や通勤の時もヘッドフォンでずうっと聴き続けるということが重要なのです。それで、パッシブな英語体験を六時間とか七時間とか毎日する。その上で、毎日一時間とか二時間、本書で紹介した、単語の語感の五感体験訓練、イメージ連想訓練、そして、次の音や単語、文章の予想訓練をするのです。これは、アクティブな言語体験になります。これで十分なのです。もちろん、英語のネイティブスピーカーと実際に会話する時間が週に何度かあれば、これも、アクティブな英語体験の時間です。

英語脳をつくるには、日本語の活性化を抑えて、英語の環境を徹底的につくる。これが極めて重要です。日本語の文字や文は、英語の学習中には絶対に見ないようにしてください。日本語の会話は当然禁止です。また、英語の環境をつくるために、たとえば、ボールペンには、pen 、机には、desk、壁には wall とポストイットなどで張っておきましょう。身の回りの目につくものにはすべて英語の単語を張っておくのです。

いうまでもなく、これらの単語を和英辞典で探してはいけません。アメリカ人に聴くなり、英語の絵本などで探すなりするのです。英語の thesaurus と英英辞典の組み合わせで呼び名を探してもいいでしょう。

また、学校の先生や職場の上司で協力的な人がいるなら、おでこに teacher とか、boss とかマジックインキで書かせてもらいましょう。とにかく、見るもの、聴くものすべて英語の環境にする、こうして、英語モードをつくる。そのうえで、本書のやり方でアクティブに英語体験をしてください。

そうすると、確実に英語脳が構築されます。もちろん、学習中にものを考えるときは、英語で考えてください。日本語でものを考えたのでは、せっかくの英語体験時間が台無しです。学習中におなかがすいたら、I am hungry. 眠くなってきたら、I am sleepy と考えたり、独り言をいってください。

また、私のクラスで利用している日本語の活性化を抑えたり、英語のフォルマント周波数をより聴きやすくしたり、いろいろな効果を組み込んだ英語脳音源も、どんどん、私の方で自習可能な形にアレンジして、皆さんに提供していくつもりです。もちろん、本書の次のステップの訓練法もいろいろと今後紹介していきますので、まずは、基本として、本書の方法をしっかりとマスターしてください。本書だけでも、驚くほど短期間で英語のネイティブ化が進むことにきっと驚かれると思います。

<著者プロフィール>
苫米地英人（とまべち・ひでと）

1959年東京都生まれ。脳機能学者・計算言語学者。イェール大学認知科学研究所、同人工知能研究所、カーネギーメロン大学計算機科学部研究員、同哲学科研究員、徳島大学助教授、ジャストシステム基礎研究所長、通商産業省情報処理振興審議会専門委員等歴任。中国南開大学客座教授、全日本気功師会理事。カーネギーメロン大学博士(Ph.D.)。

オウム真理教信者の脱洗脳を手がけマスコミでも話題になった。とくに、国松警察庁長官狙撃事件では、実行犯とされる元巡査長のオウムにより消去されていた記憶の回復を行い、長官狙撃当日の詳細な記憶を引き出し大反響となったことも。

現在、ドクター苫米地ワークス代表、コグニティブリサーチラボCEO、角川春樹事務所顧問、カーネギーメロン大学コンサルタント。また同時通訳者時代からの経験と脳機能学者・計算言語学者としての見識から生み出した外国語を母国語として学習する「英語脳のつくり方」プロジェクトも内外の注目を浴びている。

コグニティブリサーチラボでは、多数の政府関連研究開発プロジェクトを率いる傍ら、大人気ケータイゲーム『麻雀伝説哲也』、DRM型次世代P2P技術などを開発する。また米国のパートナーとP2Pテレビ『KeyHoleTV』を開発する。ドクター苫米地ワークスからは、ドコモとａｕのケータイサイト『着信★うた』『魔法のメロらんど』で『奇跡の着うた』を配信中。『奇跡の着うた』は、特殊な音源刺激を脳の各位に与え女性のバストアップや痩身、IQ向上などの効果を埋め込んだ着うたが、全世界で話題を呼んでいる。テレビ等出演多数。

また、アメリカの能力開発の権威ルー・タイスと共に、米国認知科学の最新の成果であるPX2プログラムを日本向けにアレンジするプロジェクトを現在進めている。これらの成果と「英語脳」プログラムを盛り込んだドクター苫米地ワークスクラスを毎月開催している。

著書に15万部突破のベストセラー『頭の回転が50倍速くなる脳の作り方～「クリティカルエイジ」を克服する加速勉強法～』『脳と心の洗い方～「なりたい自分」になれるプライミングの技術～』（フォレスト出版）、『洗脳支配』（ビジネス社）、『ドクター苫米地の新・福音書』（講談社）、『スピリチュアリズム』（にんげん出版）、『心の操縦術』（ＰＨＰ研究所）、『洗脳原論』（春秋社）、『洗脳力』（アスコム）、『洗脳護身術』（三才ブックス）、監修書に『大好き！今日からのわたし。』（宝島社）など、多数。

セミナーなどの最新情報はブログで
http://www.tomabechi.jp/

英語は逆から学べ！

2008年3月29日　初版発行
2008年4月11日　4刷発行

著　者　苫米地英人
発行者　太田宏
発行所　フォレスト出版株式会社
〒162-0824 東京都新宿区揚場町2－18　白宝ビル5F
電話　03-5229-5750
振替　00110-1-583004
URL　http://www.forestpub.co.jp

印刷・製本　日経印刷（株）

ISBN978-4-89451-296-2　Printed in Japan
乱丁・落丁本はお取り替えいたします。